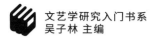

文艺学研究入门书系
吴子林 主编

国家社科基金艺术学重点项目"事件理论视阈下的中国网络文艺批评研究"
（22AA001）阶段成果
中国文联特约研究员团队成果

# 文化研究

胡疆锋◎著

浙江工商大学出版社 | 杭州
ZHEJIANG GONGSHANG UNIVERSITY PRESS

图书在版编目（CIP）数据

文化研究 / 胡疆锋著. -- 杭州：浙江工商大学出版社，2025.5. --（文艺学研究入门书系 / 吴子林主编）. -- ISBN 978-7-5178-6377-9

Ⅰ. G0

中国国家版本馆 CIP 数据核字第 2025KG9756 号

# 文化研究
WENHUA YANJIU

胡疆锋 著

| | | |
|---|---|---|
| 出 品 人 | 郑英龙 | |
| 策　　划 | 任晓燕　陈丽霞 | |
| 责任编辑 | 唐　红 | |
| 责任校对 | 胡辰怡 | |
| 封面设计 | 朱嘉怡 | |
| 责任印制 | 屈　皓 | |

出版发行　浙江工商大学出版社
　　　　　（杭州市教工路 198 号　邮政编码 310012）
　　　　　（E-mail：zjgsupress@163.com）
　　　　　（网址：http://www.zjgsupress.com）
　　　　　电话：0571-88904980，88831806（传真）

| | | |
|---|---|---|
| 排　　版 | 杭州浙信文化传播有限公司 | |
| 印　　刷 | 杭州高腾印务有限公司 | |
| 开　　本 | 880 mm×1230 mm　1/32 | |
| 印　　张 | 7.25 | |
| 字　　数 | 133 千 | |
| 版 印 次 | 2025 年 5 月第 1 版　2025 年 5 月第 1 次印刷 | |
| 书　　号 | ISBN 978-7-5178-6377-9 | |
| 定　　价 | 38.00 元 | |

# 总　序

主编这套书系的动机十分朴素。

文艺学在文学研究中一直居于领军地位，对于文学研究的各个领域有着重要的方法论意义。然而，真正了解文艺学研究现状及其态势者并不多。出于实用主义的考虑，大多数文学专业的本科生、研究生并未能较为深入地理解和把握"批评的武器"。为了满足广大文学爱好者、研究者的理论需求，我们组织编写了这套"文艺学研究入门书系"。

"文艺学研究入门书系"共 10 本，分别是《马克思主义文学理论》《文学基本理论》《中国古代文论》《西方文论》《比较诗学》《文艺美学》《艺术叙事学》《网络文学》《媒介文化》《文化研究》。这套书系的作者都是学界的中坚力量，他们在各自的领域深耕细作数十年，对其中的基本概念、范畴、命题，以及研究论题、研究路径、发展方向等都了如指掌，并有自己独到的见地。

"文艺学研究入门书系"旨在提供一个开放的思想／理论空间，每本书都在各章精心设计了"研讨专题"，还有相关的"拓展研读"，以备文学爱好者、研究者进一步阅读、探究之需，以期激活、提升其批判性的理论思维能力。

"文艺学研究入门书系"重视理论的指导性与实践性，在叙述上力求简明扼要、深入浅出，努力倡导一种学术性的理论对话，在阐释各种理论的过程中，凸显自己的"独得之秘"。

我希望"文艺学研究入门书系"的编写、出版对广大文学爱好者、研究者有所助益。让我们以昂扬奋发的姿态投身于这个沸腾的时代，用自己的双手和才智开创文艺学研究的美好未来。

是为序。

吴子林

2024 年 5 月 22 日于北京不厌居

# 目 录 //*Contents*

**第一章** ——— 文化研究：话语与实践 ——— *001*

第一节 什么是文化研究 005

第二节 文化研究的由来 013

第三节 如何做文化研究 037

第四节 文化研究向何处去 050

**第二章** ——— 文化 ——— *061*

第一节 文化马克思主义与文化生产 064

第二节 从完美文化到日常文化 080

第三节 霍加特和霍尔的文化理论比较 087

**第三章** ——— 亚文化 ——— *111*

第一节 亚文化究竟是什么 113

第二节 为什么会出现亚文化 127

第三节 亚文化与现代性 135

第四节 亚文化何为 156

**第四章** ——— 大众文化 ——— *169*

第一节 大众文化的概念与理论流派 172

第二节 文化批评与批判理论 183

第三节 文化斗争的辩证法 195

# 第一章
## /Chapter 1/

# 文化研究：话语与实践

你看那啊风

有时往东吹

有时往西吹

我的头发就是这样被吹乱的啊

你看那啊风

有时往东吹

有时往西吹

我的头发就是这样被吹乱的啊

——五条人《我的头发就是这样被吹乱的啊》（2015）

在中西文化的交流史上，西方文论与中国文论大规模的相遇迄今为止发生过三次：五四前后、新中国成立后的十七年和新时期至今的四十余年。特别是第三次，西方文论在中国传播的广度和深度远远超过了前两次，出现了追补式、叠加式、平行式等相遇方式。<sup>①</sup> 包括文化研究在内的各种文论思潮大量涌入中国，引发了"美丽的混乱"，一部文论著作在短时间内正式出版两三个中译本的"奇观"屡见不鲜。其中 20 世纪 90 年代初的文化研究理论正好与新时期以来的中国文论从"向内转"（审美批评、本体批评）到"向外突"（文化批评、文化诗学）的转型态势相吻合，尤其受到学界的青睐。<sup>②</sup> 如五条人在歌中唱的那样，文化研究的风忽东忽西，"吹乱了"头发，至今仍让人心动。

这本小书试图借三个关键词（文化、亚文化、大众文化）重返文化研究的现场，勾勒文化研究的话语谱系。这样"局促"的写法无疑是一次冒险<sup>③</sup>，但转念一想，要说清楚文化研究，究竟多少词才真的够用呢？"世界本身如此之复杂和晦暗，以至于任何的词语都难以将它耗尽，而词语一旦力

---

① 王一川：《西方文论的知识型及其转向——兼谈中国文论的现代性转向》，《当代文坛》2007 年第 6 期。

② 胡疆锋：《西风东渐 30 年：西方文论与新时期中国文论建设》，《当代文坛》2008 年第 3 期。

③ 锚定和借助关键词来撰写文化研究著作，这种写法自雷蒙·威廉斯之后颇为常见，选取的关键词数量大多过百，威廉斯的《关键词：文化与社会的词汇》（刘建基译，生活·读书·新知三联书店 2016 年版）收录了 131 个词，汪民安主编的《文化研究关键词》（修订版，江苏人民出版社 2019 年版）汇聚了 226 个概念，安德鲁·埃德加、彼得·赛奇维克的《文化理论：关键概念》（张喜华、祝晶译，河南大学出版社 2016 年版）收录了 269 个术语，约翰·费斯克等编撰的《关键概念：传播与文化研究辞典》（第二版）（李彬译注，新华出版社 2004 年版）涉及 286 个词条。

图去捕捉这个世界的时候，它必定气喘吁吁，负荷累累。"①
这样看来，与其举步维艰，不如轻装前行。

　　起风了，那就让我们启程吧。

---

① 汪民安主编：《文化研究关键词》，江苏人民出版社 2019 年版，前言第 2 页。

# 第一节 •
## 什么是文化研究 •

　　文化研究究竟是什么？它是关于文化的研究吗？它与文学研究有什么关系？为什么不同专业的人都在做文化研究？它是一门学科吗？它的核心议题是什么？有哪些特色？它起源于何时，又将向何处去？如何做文化研究？这些都是我们关心的问题。

　　本书所指的"文化研究"（cultural studies）并非一般意义上的对文化的研究（the study of culture or cultural research），而是特指 20 世纪五六十年代兴起于英国、80 年代起产生广泛影响的学术思潮和批评实践。它从英国文学批评中逐渐发展起来，以英国文化研究的先驱理查德·霍加特（1918—2014）、雷蒙·威廉斯（1921—1988）、斯图亚特·霍尔（1932—2014）、E. P. 汤普森（1924—1993）等为代表，以 1964 年"当代文化研究中心"（The Centre for Contemporary Cultural Studies，以下简称 CCCS）的成立为鲜明标志。

　　文化研究拒绝被界定，坚持差异，跨越学科界限，包含多种富有争议的观点和学说。它注重分析文化独特的建构功能，倾向于考察文本的文化与政治意义，积极探究文化与权力的关系，关注边缘群体、沉默者和被压迫者的存在[①]，深度介入社会运动和文化政治，可以被视为一种政治运动的学术实践。

作为一种制度化的话语建构，文化研究发端于文学研究，但从诞生之日起，它就与传统的文学研究分道扬镳。文化研究涵盖了文学研究，它把文学作为一种独特的文化实践去考察。[②] 在经历了文化研究大潮的冲击后，文学研究获得了新的动力和空间。文学理论的本位守界与文化研究的跨界活动之间形成了一种张力，共同推动了文艺学的丰富。

文化研究的研究对象包罗万象：文学、影视、摄影、音乐、美术、广告、体育、时尚、媒介等，既包括经典作品，也包括日常生活，几乎覆盖了所有的符号表意领域和人类生活方式。文化研究有多重话语，有许多不同的方法论和理论立场，在实践层面上很难加以定义，但并非任何研究都可被称为文化研究，或者说文化研究可以研究任何东西。正如斯图亚特·霍尔所说的那样：作为一个规划项目，文化研究永远向那些未知的、还没有命名的领域敞开大门，它拒绝

---

① 吉姆·麦奎根：《前言》，载吉姆·麦奎根编：《文化研究方法论》，李朝阳译，北京大学出版社 2011 年版，第 5 页。
② 乔纳森·卡勒：《文学理论入门》，李平译，译林出版社 2008 年版，第 46 页。

成为任何一种主导话语（master discourse）或元话语（meta-discourse）。尽管文化研究作为一个规划项目是无限制的和开放的，但它并不是那种简单的多元主义。[①]

　　文化研究是聚焦于文化的研究。文化研究关注的是文化在社会结构中的地位，即文化与其他社会实践（如经济与政治活动）之间的复杂关系。从理想状态来看，文化研究的对象应该包含三个方面的内容：文化生产、文化的文本分析、文本的接受与影响。[②] 这就是说，在文化研究中，"文化"主要扮演着两种角色：既是作为研究的对象（作为文化的文本），是被研究的客体，也是批评和活动的主体，是作为研究的方法及领域，即批评和行动的场域（文化生产和文本的接受与影响等）。文化研究拒绝文化完全被经济力量所决定的想法，拒绝单一的经济决定论（economic determinism），而主张将文化理解成一种自主的意义与实践活动领域，有其自身的逻辑，同时强调语言、文化再现与消费的自主逻辑，以及文化因素对社会历史发展的影响。因此，从最广泛的概念上说，文化研究的课题就是搞清楚文化的作用，文化生产如何进行，文化身份又是如何构建、如何组织的。[③]

---

① 斯图亚特·霍尔：《文化研究及其理论遗产》，孟登迎译，载黄卓越、戴维·莫利主编：《斯图亚特·霍尔文集》，中国社会科学出版社 2022 年版，第 88 页。
② 道格拉斯·凯尔纳：《迈向一个多元观点的文化研究》，邱炫元译，载陈光兴、杨明敏编：《内爆麦当奴》，岛屿边缘杂志社 1992 年版，第 70 页。
③ 乔纳森·卡勒：《文学理论入门》，李平译，译林出版社 2008 年版，第 46 页。

文化研究没有陷入对文化的"真正"意义的寻求，其关注的是特定的意义是如何获得它们的权威和权力的。如约翰·费斯克（John Fiske）等人所说的："文化研究一直专注于社会关系与意义之间的关系——或者更确切地说是专注于社会划分被赋予意义的方式。"[1] 文化研究并不在于探寻"文化"那个"单一的"、"本质的"、被承诺的意义；相反，它关注的是"文化"所创造的可能的意义空间，即"社会"的意义，以及它如何被挪用，被谁挪用，又如何被应用在日常生活的消费实践之中。正如赖纳·温特（Rainer Winter）所说："文化研究最大的兴趣在于，社会从属者形态如何努力将由社会和媒体建构的生活状况赋予自身意义。"[2]

文化研究的核心议题是研究文化与权力的关系，其目标始终是揭露各种权力关系，以及揭示权力关系如何影响和塑造文化演变。如福柯所言，不存在一种不受权力影响的话语，也不可能用这样一种话语来推行批判。[3] 文化研究探索人们日常生活经验的形成方式、社会背景或权力结构，探讨文化之中权力与反抗是如何相互角逐的。文化研究恒常不变的目标就是要暴露权力关系以及检视这种关系是如何影响并

---

[1]　约翰·费斯克等编撰：《关键概念：传播与文化研究辞典（第二版）》，李彬译注，新华出版社 2004 年版，第 65 页。
[2]　赖纳·温特：《自我意识的艺术：文化研究作为权力的批判》，徐蕾译，重庆大学出版社 2019 年版，第 350—351 页。
[3]　米歇尔·福柯：《权力的眼睛：福柯访谈录》，严锋译，上海人民出版社 2021 年版，第 18 页。

塑造文化实践的。文化研究一贯关注的核心问题就是"文化与权力在不同语境中的接合（articulation）"[1]。克里斯·巴克（Chris Barker）也认为："如果要找出一个从事文化研究的人都会同意的核心研究议题，那么这个议题就是权力概念，它被认为渗透于社会关系的各个层面之中。"[2]这些观点都揭示了研究文化与权力的关系在文化研究中的重要性。

在文化研究的视野中，权力既是凝聚力，也是强制力，既是限制，也是促进。权力施加的对象包括阶级、种族、性别、民族和年龄等。文化研究对权力的探讨随着对象不同而有着不同的侧重点：对大众媒体，文化研究主要探讨它如何再生产意识形态与霸权；对亚文化群体，文化研究习惯于进行亚文化的民族志研究，试图揭示政治、权力与不平等如何塑造亚文化群体的风格；对意识形态和种族歧视，文化研究着眼于揭示它们的文化符码，厘清它们为何能够得到大众广泛的支持。

文化研究始终坚持批判的立场。文化研究学者认为社会关系充满不平等，文化研究必须站在批判的立场上，揭露支配性的意义生成、压迫性的权力关系、排他性的价值选择的运作方式。文化研究学者关注的焦点是文化如何被实践、被

---

① David Morley, Kuan-Hsing chen eds., *Stuart Hall: Critical Dialogues in Cultural Studies*, London: Routledge, 1996, p.395.
② Chris Barker, *Cultural Studies: Theory and Practice*, London: Sage Publications, 2000, p.10.

制造、在现实中被表征，以及文化实践如何引导不同的人群、种族、阶级，特别是弱势、边缘、被支配群体，来获取文化主导权。英国文化研究学者特里·伊格尔顿（Terry Eagleton）曾经说："在恢复受到正统文化排挤的边缘文化的地位方面，文化研究做了至关重要的工作。身处边缘是无法言说的痛苦。出一把力，创造出一个地方，能让被抛弃的和受藐视的人敢于说话，对研究文化的学者来说，没有什么任务比此更为荣耀。"[①] 这段话揭示了文化研究学者的立场和责任。

学者王富仁先生曾经写过这样一段文字：

中国人好问：你到底站在哪一边？

我说：我站在我自己这一边！

假若人们再问：你自己这一边到底是哪一边？

我说：我自己这一边就是我自己这一边！

大概人们还觉得不踏实，会进一步追问说：你自己的这一边是在左边还是在右边？是在东边还是在西边？是在南边还是在北边？

我则回答：如果你在我的左边，我就在你的右边；如果你在我的右边，我就在你的左边；如果你

---

① 特里·伊格尔顿：《理论之后》，商正译，商务印书馆 2009 年版，第 14 页。

在我的东边，我就在你的西边；如果你在我的西边，我就在你的东边……

人们觉得我说得太不具体。

而我却觉得，我说得比任何人说得都具体。①

如果把这段话中的"你"理解为需要被质疑、被批判的权力或问题，把"我"理解为从事文化研究的学者，那么我们可以发现，这段话形象地描述了文化研究的核心议题和批判立场：文化研究总是和权力保持着对话/对抗的关系。文化研究也因此被认为是一种"内在对抗的和抵抗的知识实践"，是"不断运动的知识反抗的序列"。② 从这个意义上说，文化研究也是最富对话精神和最具实践性的活动，符合巴赫金所提倡的"对话"哲学："一切莫不都归结于对话，归结于对话式的对立，这是一切的中心。一切都是手段，对话才是目的。单一的声音，什么也结束不了，什么也解决不了。两个声音才是生命的最低条件，生存的最低条件。"③

马克思在《关于费尔巴哈的提纲》中说："哲学家们只是用不同的方式解释世界，而问题在于改变世界。"④ 具有批

---

① 王富仁：《呓语集》，中国文联出版社 2000 年版，第 287—288 页。
② 托尼·贝内特：《走向文化研究的语用学》，载吉姆·麦奎根编：《文化研究方法论》，李朝阳译，北京大学出版社 2011 年版，第 38 页。
③ 巴赫金：《诗学与访谈》，白春仁、顾亚玲等译，河北教育出版社 1998 年版，第 340 页。
④ 《马克思恩格斯文集》第一卷，人民出版社 2009 年版，第 506 页。

评与多学科视角的文化研究学者尝试和期待的，正是通过改变人们对世界的看法而改变世界，试图让人们了解到他们赖以生存的世界并不是给定的，而是可以被改变的。正如道格拉斯·凯尔纳（Douglas Kellner）所概括的那样："文化研究不仅是一种学术时尚，而且还能成为人们为更理想的社会和更美好的生活而奋斗的一部分。"①

---

① 道格拉斯·凯尔纳：《批评理论与文化研究：表达的脱节》，载吉姆·麦奎根编：《文化研究方法论》，李朝阳译，北京大学出版社 2011 年版，第 32 页。

## 第二节
### 文化研究的由来

　　文化研究的兴起并非偶然，这中间既有学术发展的内在理路使然，也有政治、历史等外在机缘的推动。

　　文化研究使用的理论资源非常庞杂，以至于有人将它的谱系一直上溯到 17 世纪的笛卡儿那里。[①] 谈到文化研究的开端，霍尔曾经有过这样的描述：严肃的、富有批判性的学术工作（intellectual work）既没有"绝对的开端"，也鲜有完整的连续性。相反，我们看到的是一种凌乱而独特的发展不均衡性。[②] 这就是说，文化研究没有明确的"发端"以及"延续性"，但其存在和发展本身有着充分的动因，文化危机和文化转向就是文化研究最明显的动因和表征。

---

① Jeff Lewis, *Cultural Studies: the Basics*, London: Sage Publications Ltd., 2002, appendix.

② 斯图亚特·霍尔：《文化研究：两种范式》，孟登迎译，载黄卓越、戴维·莫利主编：《斯图亚特·霍尔文集》，中国社会科学出版社 2022 年版，第 62 页。

## 一、文化危机和文化转向

在一次访谈中，霍尔曾经说过：文化研究并不是 1964年突然在伯明翰大学出现的，它也有自己的"史前史"阶段。[①] 从西方文化和西方文论的发展脉络上看，文化研究是第五次转向——"文化转向"（the cultural turn）的结果[②]，即学术界在语言学模型的框架中更加专注于对文化及文化政治、文化经济、性别文化、大众文化、亚文化、视觉文化、网络文化等的阐释。"文化转向"具体可以分为后现代转向、空间转向、身体转向、女性主义转向、记忆转向、情感转向、物质转向、后人类转向、事件（论）转向等，文论流派有西方马克思主义、新历史主义、后现代主义、后殖民主义、女性主义和文化研究等。

霍尔明确地把英国文化研究的兴起称为"文化转向"或"文化的中心性"的结果，他这样回顾文化研究与文化转向的内在关联：

　　　　文化研究只是表明了我称之为日益明显的"文

---

①　Stuart Hall 著，陈光兴编译：《文化研究：霍尔访谈录》，唐维敏译，元尊文化 1998 年版，第 94—95 页。
②　前四次转向分别是人学转向、神学转向、认识论转向、语言论转向，详见王一川：《西方文论的知识型及其转向——兼谈中国文论的现代性转向》，《当代文坛》2007 年第 6 期。

化的中心性"（centrality of culture）这一不可避免的事实，即文化工业在全球的惊人扩张和复杂性；文化对社会和经济生活各个方面的重要性在日益增长；文化对各种批评、知识话语和学科有重新排序的影响；文化开始成为一种主要的构造性分析的范畴。

西方社会及其知识界的确是在第二次世界大战之前出现了"文化转向"这一现象，英国则是在第二次世界大战刚刚结束之后便有了蓄势待发的表现；《识字的用途》以它自己特殊的方式出现在那一时刻，确实是"文化转向"的早期例子，并在其形成过程中发挥了重要作用。①

霍尔在这里所说的"文化开始成为一种主要的构造性分析的范畴"，正是"文化转向"最明显的特征。"文化"逐渐成为学术界讨论的焦点和核心，"文化"或与文化密切相关的"传统""革命""阶级"等关键词越来越多地出现在学术著作中。如马修·阿诺德（Matthew Arnold）的《文化与无政府状态》（1869），T. S. 艾略特（Thomas Stearns Eliot）

---

① 参见斯图亚特·霍尔：《理查德·霍加特〈识字的用途〉和文化转向》，胡疆锋译，载黄卓越、戴维·莫利主编：《斯图亚特·霍尔文集》，中国社会科学出版社2022年版，第106—107页。

的《关于文化的札记》（1948），利维斯（F. R. Leavis）的《大众文明与少数人的文化》（1930）、《文化与环境》（1933，合著）、《伟大的传统》（1948），理查德·霍加特的《识字的用途》（1957），雷蒙·威廉斯的《文化与社会：1780—1950》（1958）、《漫长的革命》（1961）、《关键词：文化与社会的词汇》（1976）、《电视：技术与文化形式》（1974），爱德华·汤普森（Edward Thompson）的《英国工人阶级的形成》（1963），斯图亚特·霍尔的《流行艺术》（1964，合著）、《通过仪式抵抗：战后英国的青年亚文化》（1976），等等。

社会思想领域之所以会出现"文化转向"，归根到底是由于知识分子群体中出现了文化危机或信仰危机。[①] 在这一点上，中外亦然。

英国文化研究的灵魂人物雷蒙·威廉斯在《文化与社会：1780—1950》的"1987 年版前言"中将写作此书的初衷明确归结于一种危机感和自救意识：

> 我在 1945 年后的信仰危机和归属危机中开始
> 了本书的创作。倾尽全力来创作此书，就是为了找

---

① 戴维·钱尼：《文化转向：当代文化史概览》，戴从容译，江苏人民出版社 2004 年版，第 3 页。

到一个立场，使我能够通过历史（正是这段历史把我们带入这个千奇百怪、让人不安又令人兴奋的世界当中）来理解当代社会，采取正当行动。[①]

威廉斯在这里概括的"信仰危机"和"归属危机"，也是文化研究兴起的具体原因。它们与以下内容或契机密切相关：一个是英国的文化—文明传统；另一个是新左派运动的出现。

### 1. 文化—文明传统

在英国知识分子界有一个特殊现象，即从 19 世纪开始形成了深厚的"文化—文明"传统，代表人有阿诺德、利维斯、艾略特等。[②]他们对工业资本主义的社会学思想和批判成为英国艺术和文化批判的重要组成部分，在英国社会享有极高的声望，这一传统也融入了文化研究中[③]，极大地推动了文化研究的出现。

"文化—文明"传统有两个主要特征：其一，研究对象不仅包括文学和所谓"全面、和谐、美好和光明"的高雅文

---

① 雷蒙·威廉斯：《文化与社会：1780—1950》，高晓玲译，商务印书馆 2018 年版，第 9 页。
② 格莱姆·透纳：《英国文化研究导论》，唐维敏译，亚太图书出版社 2000 年版，第 43—44 页。
③ 赖纳·温特：《自我意识的艺术：文化研究作为权力的批判》，徐蕾译，重庆大学出版社 2019 年版，第 17 页。

化，还包括工人阶级文化和通俗文化；其二，研究者对工业化之前英国社会所谓"有机的共同文化"怀有一种"不确定的怀旧"，对大众文化持否定态度。

"文化—文明"传统是一种精英主义文化观，属于文化保守主义，学者们寄希望于从过去的传统中寻求文化的本源，且最终都选择了一条抵抗性的道路。他们希望借助"文化"的功能，来批判、抵制或解决现代"文明"及其社会伴随物如物质主义、功利主义、机会主义、无政府主义等所引发的社会危机。只是不同的学者恋旧的根本（"药方"）有所不同：阿诺德将结束"文化"的无政府状态的途径寄托于恢复希腊精神；利维斯则寄希望于早期的民族文学与田园诗般的"有机共同体"；而艾略特则皈依了根底深厚、源远流长的基督教文化。如果说阿诺德是一位欧洲主义者的话，那么利维斯则属于那种坚持己见的民族主义者。①

"二战"结束后，随着广告、时尚杂志、畅销书等大众文化媒介在英国迅猛发展，工人阶级的传统文化观也发生了剧烈变化。英国的一些知识分子把"文化—文明"传统再次发扬光大，他们于1950年初成立了"独立小组"（Independent Group），考察视觉艺术、建筑、构图设计和波普艺术，并

---

① 黄卓越：《重建"文化"的维度：文化研究三大话题》，人民出版社 2023 年版，第 57—60 页。

在伦敦成立了"当代艺术中心"（Institute of Contemporary Arts），将研究重点放在日常生活文化而不是精英文化上，尤其关注美国大众文化对英国人民生活的影响。[①]"独立小组"的研究策略和机构设置都与后来伯明翰学派的当代文化研究中心（CCCS）不谋而合。虽然霍加特、威廉斯、霍尔等人对工人阶级文化的态度与"文化—文明"传统大相径庭，但其学术路数是一脉相承的，《识字的用途》和《文化与社会：1780—1950》被称作"被稀释的"的"文化—文明"传统。[②]

### 2. 风起新左派

虽然文化研究的主要活动场域在学院体制之内，但是由于文化研究的特殊背景，它时刻与学院外的活动（如社会与政治运动、文化机构活动、文化管理部门活动等）保持密切的互动关系，试图从文化实践的角度和与权力的关系来检验其主题。

伊格尔顿曾把 1965 年至 1980 年这段时间看成文化理论（文化研究）"非同凡响"的发展阶段："在这期间，政治上的极左派在陨落得几乎无影无踪之前曾一度声名鹊起。新

---

① 格莱姆·透纳：《英国文化研究导论》，唐维敏译，亚太图书出版社 1998 年版，第 43 页。
② 格莱姆·透纳：《英国文化研究导论》，唐维敏译，亚太图书出版社 1998 年版，第 80 页。

的文化观念，在民权运动、学生运动、民族解放阵线、反战、反核运动、妇女运动的兴起以及文化解放的鼎盛时期就深深地扎下了根。这正是一个消费社会蓬勃发展，传媒、大众文化、亚文化、青年崇拜作为社会力量出现，必须认真对待的时代，而且还是一个社会各等级制度、传统的道德观念正受到嘲讽攻击的时代。"①伊格尔顿这里说的各种文化运动大体上都和当时风起云涌的新左派运动（the New Left Movement）有关，这一判断也揭示了英国文化研究和新左派运动的直接联系。

英国文化研究的成员大多投身于新左派运动。新左派是一个组织松散的知识分子反对派，他们仅仅依靠出版社和研究机构组织在一起。新左派源于1956年马克思主义的危机和分裂，当年发生了两起政治事件：一起是苏伊士运河战争，英法两国入侵埃及；另一起是匈牙利十月事件，苏联入侵匈牙利，引起了国际共产主义运动内部的危机。斯图亚特·霍尔后来（1987）回忆道：这两起事件无法被带有社会主义立场的知识分子所容忍，从而产生了明确拒绝斯大林主义、同时也明确拒绝西方帝国主义的新左派。新左派的代表人物认为，马克思主义无法为分析当时英国的权力关系、阶级关系和资本主义提供满意的解决方案。新左派知识分子试

---

① 特里·伊格尔顿：《理论之后》，商务印书馆2009年版，第25页。

图和马克思主义保持距离，甚至把马克思主义看作一个令人困惑的问题，一种烦扰，一种危险，而不是一种解决问题的方案。[①] 威廉斯、霍加特、汤普森和霍尔等文化研究先驱都深度参与了新左派运动[②]。比如霍尔就曾经明确地指出：他是从（成为）新左派开始进行文化研究的。[③] 作为英国新左派的旗手和《新左派评论》的首任主编，霍尔积极投身于反种族歧视等文化运动，他所代表的文化马克思主义非常关注文化问题，将文化和意识形态领域看作在历史性建构的关系中统治和被统治集团之间的冲突的竞技场，其文化研究也因此体现出鲜明的政治性和锋芒毕露的批判精神。

新左派知识分子没有统一的思想纲领，对斯大林主义和资本主义同时进行强烈的批判，试图寻找第三种政治空间，这是他们的共同点。

从历史和政治的层面看，文化研究脱胎于对工人阶级进行大众化教育的政治运动，始于早期的知识分子想为工人阶级创造一个比较好的社会环境的愿望。当时的新左派成员纷

---

① 斯图亚特·霍尔：《文化研究及其理论遗产》，孟登迎译，载黄卓越、戴维·莫利主编：《斯图亚特·霍尔文集》，中国社会科学出版社 2022 年版，第 89 页。
② 汤普森、威廉斯都曾是英国共产党党员，参与过 1968 年的学生运动和左派知识分子的运动，担任过新左派杂志的编辑或撰稿人；霍尔虽然终身未加入共产党，但他是新左派的早期领袖，先后担任《大学与左派评论》（*Universities & Left Review*）的编辑和《新左派评论》（*New Left Review*）的首任主编；霍加特虽不是马克思主义者，但也是新左派的"同路人"，在伯明翰大学的学生运动中站在了学生的一边。
③ 斯图亚特·霍尔：《文化研究及其理论遗产》，孟登迎译，载黄卓越、戴维·莫利主编：《斯图亚特·霍尔文集》，中国社会科学出版社 2022 年版，第 89 页。

纷投身于工人阶级成人教育①，这有利于文化研究学者在成人教育课堂中考察文化的观念，接触工人阶级文化，实施跨学科的学术实践并参与现实运动，这也成为文化研究的助推器。

文化研究是新左派政治运动在校园里的延续。随着新左派运动的落潮，在脱离了具体的革命实践之后，新左派成员也随之退居大学讲坛（霍尔在查尔西学院和伯明翰大学，威廉斯在牛津大学和剑桥大学，汤普森在牛津大学，霍姆斯基在伦敦大学）。虽然新左派脱离了具体的革命实践，但他们从文化、美学和哲学层面开辟了另一种政治介入和社会批判的路径。

新左派迥异于老左派，不再从政治和经济角度入手来改造资本主义，而是更深入地研究政治和社会变化的文化层面以及批评对社会的重要意义，倾心于文化问题，将文化论述放到了政治讨论的中心位置来探讨工人阶级的生活方式，分析影响其生活的大众文化，从中发掘出抵制主导意识形态的政治手段，从而导致文化马克思主义的形成。这就是文化研究的起源语境。

---

① 威廉斯 1945 年进入牛津大学成人教育机构，教授文学和国际关系，直到 1961 年进入剑桥大学，从事工人教育的时间长达 15 年。霍加特 1946 年进入赫尔大学的成人教育机构，担任成人教育的指导教师，教授文学课程，时间长达 13 年。汤普森于 1948 年担任利兹大学校外成人教育讲师，直到 1956 年才离开。斯图亚特·霍尔则长时间在伦敦附近从事成人教育工作。

　　文化研究学者所拥有的新左派身份，使得文化研究和具有强烈批判精神的马克思主义有着天然的血缘关系。如霍尔所说："文化研究是马克思主义内部的活动，它致力于马克思主义，对抗马克思主义，运用马克思主义，试图努力发展马克思主义。"[1] 这说明，文化研究从来不是保持中立的学术活动，也不是全无价值观的话语研究，它有着西方马克思主义所特有的尖锐性和批判性，它遵循的是"不做保证"（without guarantee）的马克思主义[2]，是开放的马克思主义。霍尔曾经将他与马克思主义的关系比喻为"搏斗"，是"与天使进行较量"，但他也高度肯定了马克思主义的价值，"值得拥有的理论是你不得不竭力击退的理论，而不是你可以非常流畅地言说的理论"。[3] 这里的"击退"，是坚持和信仰马克思主义的另一种表达。

　　由于这种理论背景，文化研究具有鲜明的政治立场，丝毫不令人奇怪。文化研究没有把文化和政治分开讨论，而是把文化分析和文化政治研究作为他们的核心活动，借由政治批判而成就社会重建，旨在了解并改变无所不在的统治结

① Stuart Hall, "Cultural Studies and Its Theoretical Legacies", in Lawrence Grossberg ed., *Cultural Studies*, New York: Routledge, 1995, p.279. 中译本参见斯图亚特·霍尔：《文化研究及其理论遗产》，孟登迎译，载黄卓越、戴维·莫利主编：《斯图亚特·霍尔文集》，中国社会科学出版社 2022 年版，第 90 页。译文有改动。
② David Morley, Kuan-Hsing chen eds., *Stuart Hall: Critical Dialogues in Cultural Studies*, London: Routledge, 1996, pp.25-47.
③ 斯图亚特·霍尔：《文化研究及其理论遗产》，孟登迎译，载黄卓越、戴维·莫利主编：《斯图亚特·霍尔文集》，中国社会科学出版社 2022 年版，第 90—91 页。

构。文化研究试图了解政治、经济与文化的互动和变迁，分析文化中的知识、权力与统治的关系，揭露其中的权力不平等现象，以指出社会问题的根源，唤醒人们的政治意识，从而改变现状以达到更平等的境界。从这个意义上说，我们可以把文化研究看成一种"文化政治学"。

### 3. 中国的文化研究热

文化研究自20世纪90年代初在中国兴起。与西方相比，虽然兴起的时间相隔30多年，但中西方的文化研究缘起也有相似之处，即都与当时的文化危机有关。

学者王晓明谈起"文化研究热"在中国大陆的兴起原因时，曾经将其概括为两点：一是学术/学院体制运转的需要；二是更重要的社会现实的刺激。[①]

王晓明先生在这里说的第一点主要是文化研究的跨学科性满足了学术研究的需要。他在《一份杂志和一个"社团"——重识"五·四"文学传统》（1993）一文中有过这样的论述：

每看见"文学现象"这四个字，我头一个想到

---

① 王晓明：《文化研究的三道难题——以上海大学文化研究系为例》，《上海大学学报（社会科学版）》2010年第17卷第1期。

的就是"文本"，那由具体的作品和评论著作共同构成的文本。但是，这不是唯一的文学现象，在它身前身后，还围着一大群也佩戴"文学"徽章的事物。它们有的面目清楚，轮廓鲜明，譬如出版机构、作家社团；有的却身无定形，飘飘忽忽，譬如读者反应、文学规范。它们从不同的方面围住文学文本，向它施加各种影响……今天重读二十世纪中国文学的历史，就特别要注意那些文本以外的现象。①

在这段话中，作者提到的"文本以外"的一系列文学现象，如出版机构、作家社团、读者反应、文学规范等，虽然也佩戴着"文学"徽章，从各个角度对文学产生了深刻的影响，但很长一段时间内没有引起学者的重视。那些或"面目清楚"或"飘飘忽忽"的因素，实际上都属于文化研究的一个重要组成部分——知识制度或文艺制度研究的研究对象。这段话主要针对的是现代文学研究，但同样也适用于广义的当代学术研究。文化研究可以让学术研究不再局限在以往狭窄的文学文本里，而将视野扩展到整个文化生

---

① 王晓明：《一份杂志和一个"社团"——重识"五·四"文学传统》，《上海文学》1993 年第 4 期。

产过程。联系到在这之后出版的系列图书《文人集团与中国现当代文学》《大众媒介与中国现当代文学》《都市文化与中国现当代文学》，我们可以更清晰地感受到文化研究的影响力。

从文化研究特别是从知识制度的视角，研究包括文论在内的中国学术，西方学界迄今已经有了很多成果。20世纪中期，或许是顺应西方当时兴起的"知识社会学"和"科学社会学"的潮流，一些西方汉学家、"中国学"学者开始对中国学术与制度产生了浓厚的兴趣。如费正清主编的《剑桥中华民国史》（于 1966 年开始策划撰写）就意识到了制度史研究的重要性：（以往）"对中国学术思想史的研究远胜于对学术机构史的研究"。"我们可能对晚清新儒家诸学派的思想知之甚多，如宋学、汉学、今文经学、古文经学，甚至桐城学派等——却对书院、藏书楼、印书坊及赞助者之间的联系网了解甚少，而正是这一切支撑着儒学的研究。"①这里所说的"书院、藏书楼、印书坊及赞助者之间的联系网"，都是制度研究的重要构成。为了弥补这项缺憾，费正清等人将民国学术史研究的重点放在了现代大学、专业研究机构的建立与发展上，对民国学术体制的创建问题做了初步

---

① 费正清主编：《剑桥中华民国史》第 2 部，章建刚等译，上海人民出版社 1992 年版，第 394 页。

探索。美国学者艾尔曼在《从理学到朴学——中华帝国晚期思想与社会变化面面观》一书里研究了18世纪以朴学家为代表的江南学术共同体 ①，探讨了学术交流模式（札记、通信、藏书、刻书等）、职业化、学术资助、教育模式等制度化要素。尽管艾尔曼有些夸大这种职业化学术研究的覆盖领域以及它对传统知识制度的冲击，但他的研究仍然具有很高的价值。

自20世纪90年代以来，西方文学社会学、西方马克思主义、英国文化研究的理论陆续被介绍到中国，对中国当代的知识制度研究产生了深远的影响。比如，本雅明在考察波德莱尔时发现："在现代社会中文学的品格与本质在很大程度上取决于文学的生产方式和体制。以报纸杂志、书店和出版单位为核心的文学生产体制，构成了政治体制外的文化、言论空间和社会有机体，产生和决定着文学的本质和所谓的'文学性'。" ② 本雅明在这里所说的"文学的生产方式和体制"与"文学制度""知识制度"的概念非常相似。法国社会学家布迪厄提出了"文学场"这一概念，研究了它的主要构成，即批评家、艺术史学家、出版商、画廊经理、商人、博物馆馆长、赞助人、收藏家、至尊地位的认可

---

① 参见艾尔曼：《从理学到朴学——中华帝国晚期思想与社会变化面面观》，赵刚译，江苏人民出版社1995年版。

② 参见瓦尔特·本雅明：《发达资本主义时代的抒情诗人：论波德莱尔》，张旭东、魏文生译，生活·读书·新知三联书店1989年版，第44页。

机构、学院、沙龙、评判委员会、主管艺术的政治和行政机构等。① 这也极大地启发了中国学者。加拿大学者托托西使用了另外一个类似的术语"文学制度",认为文学制度包括教育、大学师资、文学批评、学术圈、核心刊物编辑、作家协会、重要文学奖等机构。② 英国文化研究之父霍加特曾经在文章中列举了当代文化研究的很多问题,涉及稿酬、文艺与传媒、文学的保障机制(保护人、权贵、知识阶层)、文艺生产机构的经营状况、促销手段及文化资本等文学场中的各个要素,需要跨越文学边界,得到经济学、传播学、政治学等多个学科的援助才能解决。③ 德国学者比格尔也曾指出,"历史上的先锋派运动表明,艺术体制对于单个的艺术作品有重要的作用","一件艺术作品的社会效果不能仅仅从作品本身来衡量,它受到作品在其中'起作用'的体制的决定性影响"。④

本雅明、布迪厄、托托西、霍加特、比格尔等人对文学制度、艺术生产的细化和论述,极大地启发了中国学界对知识制度的研究。除了偶尔有人沿用传统的"外部研究"这

① 皮埃尔·布迪厄:《艺术的法则:文学场的生成和结构》,刘晖译,中央编译出版社 2001 年版,第 276—277 页。
② 斯蒂文·托托西:《文学研究的合法化》,马瑞琦译,北京大学出版社 1997 年版,第 33—34 页。
③ 理查德·霍加特:《当代文化研究方法》,包振南译,载张英进、于沛编:《现当代西方文艺社会学探索》,海峡文艺出版社 1987 版,第 19—25 页。
④ 彼得·比格尔:《先锋派理论》,高建平译,商务印书馆 2002 年版,第 170 页。

一说法外，学界使用了一系列更具体的"知识制度"的称谓，如文学制度（literature institution）、文学体制（literature system）或文学机制（literature mechanism）等，相关研究也被认为是文学研究中不可或缺的"过程研究"和"生态研究"。①知识制度研究在近代学术史、古代文学、中国现当代文学或现代中国文学等领域已经成为显学。中国学界在期刊、出版社、社团、审查制度等领域都取得了丰硕的研究成果。目前，这一研究仍然在持续升温。

再看"社会现实的刺激"。李欧梵、汪晖曾经在《读书》杂志1994年第7期和第8期刊发了两篇文章：《什么是"文化研究"?》和《文化研究与地区研究》。这是中国学界较早关注文化研究的文献。在《什么是"文化研究"?》中，作者写道："本土的经验是文化研究必须关注的问题。""这是我们现在所要做的工作，即把文化理论真正地世界化。"这些都提醒了中国学者：文化研究的在地发展和本土经验是文化研究的重要命题。

就中国而言，文化研究在20世纪90年代初兴起，也是"现实刺激"和"精神危机"的体现。具体而言，市场经济的改革大潮，社会转型和都市化进程，大众文化、消费文化的兴盛，导致当时的知识分子出现了思想和精神上的危机

① 王本朝：《中国现代文学制度研究》，西南师范大学出版社2002年版，第11页。

感。最明显的表征之一就是 1993—1995 年间发生的"人文精神大讨论"。

"人文精神大讨论"是中国学术界一次重要的思想交锋，这场讨论主要源于中国学术界对市场经济背景下的文化和道德问题的关注，主要发起者和参与者是王晓明、张汝伦、朱学勤、陈思和、许纪霖等人。他们通过《上海文学》《读书》等杂志发表了多篇文章，对当时流行的文化现象提出了批评，讨论了知识分子的身份危机，反映了对文化自省的需求。在一篇代表性论文中，王晓明等学者这样论述：

> 今天，文学的危机已经非常明显，文学杂志纷纷转向，新作品的质量普遍下降，有鉴赏力的读者日益减少，作家和批评家当中发现自己选错了行当，于是踊跃"下海"的人，倒越来越多……直到这一股极富中国特色的"商品化"潮水几乎要将文学界连根拔起，才猛然发觉，这个社会的大多数人，早已经对文学失去兴趣了……今天的文学危机是一个触目的标志，不但标志了公众文化素养的普遍下降，更标志着整整几代人精神素质的持续恶化。文学的危机实际上暴露了当代中国人人文精神的危机……举凡五千年以来信仰、信念和信条无一

不受到怀疑、嘲弄，却又缺乏真正建设性的批判。①

　　在这段话中，作者使用了"危机""恶化""怀疑"等词语，表达了中国学术界对当时文化状况的一次深刻反思和自我批评。这次大讨论的核心是对世俗化、商品化的道德理想主义与审美主义的反思和批判。文化研究学者的对话和争鸣都反映了他们在直面尖锐的矛盾和问题时的危机意识，展现出强烈的批判倾向和实践品格，也为后来的文化研究奠定了扎实的基础。

　　如果要用大事记的方式来记录中国文化研究的发展，以下事件是不容忽视的：

　　1986 年，弗雷德里克·詹姆逊（Fredric Jameson）在北京大学的演讲稿集《后现代主义与文化研究》（北京大学出版社）正式出版。

　　1994 年，《读书》杂志发表李欧梵、汪晖的文章《什么是"文化研究"？》《文化研究与地区研究》，并举办"文化研究与文化空间"会议。

　　1995 年，"文化研究：西方与中国"国际研讨

———————————
① 王晓明、张宏、徐麟等：《旷野上的废墟——文学与人文精神的危机》，《上海文学》1993 年第 6 期。

会在大连召开，伊格尔顿来华并发表学术演讲。

1995 年，北京大学成立"文化研究工作坊"，由戴锦华教授主持，后改为"北京大学电影与文化研究中心"。

2000 年，中国第一本文化研究大型集刊《文化研究》第 1 辑出版，陶东风等担任主编。

2000 年，中国第一本文化研究理论文集《文化研究读本》出版（罗钢、刘象愚主编，中国社会科学出版社）。

2001 年，上海大学中国当代文化研究中心成立，由王晓明担任主任，后出版系列杂志《热风学术》（2008—）。

## 二、文化研究的发展脉络

世界范围的文化研究的发展可以大致分为三个阶段。

第一个阶段是 20 世纪 50 年代末到 60 年代初，这是文化研究的奠基阶段。自 1957 年开始，文化研究的先驱理查德·霍加特、雷蒙·威廉斯、斯图亚特·霍尔及爱德华·汤普森先后有《识字的用途》（1957）、《文化与社会：1780—1950》（1958）、《英国工人阶级的形成》（1963）等文化研究的奠基性著作出版，标志着文化研究的正式兴起。

第二个阶段是 1964 年到 20 世纪 80 年代初，这是文化研究的全盛时期。1964 年春，CCCS 在英国伯明翰大学英语系成立，霍加特任首任主任，霍尔担任主任助理。CCCS 开始只招收研究生，1971 年开始创办非正式期刊《文化研究工作论文》(*Working Papers in Cultural Studies*，简称 WPCS)，1972 年脱离英语系成为独立单位。CCCS 开设了"文化研究的理论和方法""英国社会与文化"等课程，依靠自己的 WPCS 期刊和哈钦森公司 (Hutchinson) 等出版社，为霍尔等人持续传播文化研究的成果提供了平台。CCCS 的成立标志着英国文化研究开始走向制度化。霍尔将 CCCS 的成立视为"为文化研究找寻一种可以生产有机知识分子的体制性实践"①，是"当公共空间难以为继时，我们撤退而去的一个场所：它是另辟蹊径的政治"②。这也揭示了文化研究强烈的政治性和批判性的来源。

CCCS 成立之后，霍加特把研究对象扩展到大众文化和流行艺术，包括电影、电视、广播、通俗小说、连环漫画、新闻报刊、广告语言、流行歌曲等。在他的期望中，文化研究具体涉及三个方面，而重点是文艺研究。他和霍尔在 1964 年 CCCS 的第一份"年度报告"中列出了七个首要研究项目，

---

① Stuart Hall, "Cultural Studies and Its Theoretical Legacies", in Lawrence Grossberg ed., *Cultural Studies*, New York: Routledge, 1995, p.281.
② Stuart Hall, "The Emergence of Cultural Studies and the Crisis in the Humanities", *October*, 1990, 53: 12.

它们分别是：奥威尔和30年代的思潮、当代社会小说的层次及其变迁、地方报业的成长与变化、流行音乐中的民歌和俚语、民间艺术及肖像研究、体育运动的意义及其表征、流行音乐和青少年文化。[①] 这些项目涉及文学、传媒、大众文化、民间文化、体育文化、青年亚文化等，其中五个项目与文艺批评有关。

CCCS遵循"质疑权威"和"反本质主义"的原则，在教学上打破了师生的等级制度，根据不同主题成立了许多研究小组，如亚文化、英语研究、历史、语言和意识形态、文学和社会、媒介研究、妇女研究等研究小组。在霍尔主持CCCS工作的10多年间（1968—1979），文化研究进入全盛时期。这期间文化研究的重心是青年亚文化、传媒、意识形态，文化研究的许多经典著作都出自这些方面，如《通过仪式抵抗：战后英国的青年亚文化》《亚文化：风格的意义》《学做工：工人阶级子弟为何继承父业》《监控危机》等。

这一阶段也是英国文化研究的黄金时期。人们一般把在CCCS从事文化研究工作的学者称为"伯明翰学派"（Birmingham School）。"伯明翰学派"一般指曾经在英国伯明翰大学"当代文化研究中心"从事文化研究工作的学者。一个学派之所以成为学派，必须具有：（1）一个提供思

---

① CCCS, *First Report*, 1964, pp.6-7, Stencilled Papers by CCCS.

想领导的中心人物；（2）一个学术的和地理的位置；（3）财政支持；（4）传播其工作的手段。[①]伯明翰学派满足了以上所有条件：（1）拥有雷蒙·威廉斯[②]、斯图亚特·霍尔这两位思想领袖；（2）具有"文化研究策源地"这一学术地位和伯明翰大学的位置；（3）获得来自企鹅出版社（Penguin）、哈钦森公司的基金资助；（4）通过刊印"文化研究工作论文"（working papers in cultural studies，stencilled papers by CCCS）和"CCCS 年 度 报 告"（Centre for Contemporary Cultural Studies Annual Report）以及通过伦敦哈金森公司等来传播 CCCS 的研究成果。

伯明翰学派成员多来自文学专业[③]，其成员除了霍加特、霍尔、理查德·约翰逊（Richard Johnson）、乔治·洛伦（Jorge Lorrain）等历任主任外，还包括从该中心毕业的研究生即"伯明翰帮"（Birmingham Mafia），如迪克·赫伯迪格（Dick Hebdige）、安吉拉·麦克卢比（Angela McRobbie）、保罗·威利斯（Paul Willis）、戴维·莫利（David Morley）、

① E. M. 罗杰斯：《传播学史——一种传记式的方法》，殷晓蓉译，上海译文出版社 2002 年版，第 205 页。

② 虽然威廉斯不在伯明翰大学工作，但他和霍加特、霍尔一样都是伯明翰大学 CCCS 周二研讨会的常客，发表过题为 "Problems of a Common Cult"（1964）、"Developments in the Study of Culture and Society"（1966）的演讲。参见 CCCS 年度报告第一份至第六份（1964—1971）。此处受到了中国社科院大学外国语学院骈曼的博士论文（2024）的启发，特此致谢。

③ 霍加特先后在赫尔大学、利兹大学和伯明翰大学担任英文教授，威廉斯是剑桥大学的戏剧教授，霍尔在牛津大学攻读过文学专业的博士学位。

菲尔·科恩（Phil Cohen）、托尼·杰斐逊（Tony Jefferson）、约翰·克拉克（John Clarke）、劳伦斯·格罗斯伯格（Lawrence Grossberg）、约翰·斯道雷（John Storey）、保罗·吉尔罗伊（Paul Gilroy）等。

继伯明翰大学成立 CCCS 之后，英国高校陆续成立文化研究的研究机构：1966 年，利兹大学成立电视研究中心，李斯特大学成立大众传播研究中心；1967 年，伦敦大学设立第一个电影研究学系；1977 年，英国开放大学开始创设"大众传播和社会"课程。文化研究在英国得到了快速发展。

第三个阶段是 20 世纪 80 年代中期至今，这是文化研究的全球扩张阶段。1979 年，霍尔离开伯明翰大学到英国开放大学就职，从此开放大学成为文化研究的另外一个重镇。20世纪 90 年代，CCCS 发展为"文化研究与社会学系"，开始招收本科生，2002 年该系被取消，CCCS 完成了它的历史使命。不过，从 20 世纪 80 年代开始，约翰·斯道雷、劳伦斯·格罗斯伯格、约翰·费斯克等受益于伯明翰学派的学者开始在世界各地传递文化研究的薪火，文化研究扩及澳大利亚、美国、加拿大和亚洲各国，成为一种全球性的学术思潮和政治实践。目前，世界各地的文化研究仍然在蓬勃发展，文化研究课程不断开设，不同规模的国际会议从未间断过，文化研究成为西方人文科学自 20 世纪 90 年代以来的一项重要活动。

第三节 •
：
如何做文化研究 •

　　文化研究是一种关注边缘话语与文化实践的理论，它着重研究文化与社会结构、权力、市场、资本、媒体等之间的复杂关系。文化研究发端于传统的文学学科，但是在不同的问题面前、在不同的机构里，文化研究各有其特殊建构及实践方式。它超越了学科边界，和不同的学科都有"联姻"，有着不同的定位。它所具有的跨学科倾向，也决定了从事文化研究的特殊路径。

## 一、作为跨学科 / 反学科的文化研究

　　跨学科 / 反学科是文化研究的重要倾向和标志，也是做文化研究最基本的方法和路径。

　　从文化研究的发展进程来看，文化研究最明显的特点之一就是对传统学科分界进行质疑。美国学者詹姆逊也因此将文化研究称为"后学科"和促成"历史大联合"的事业：文化研究的崛起"是出于对其他学科的不满，针对的不仅是这

些学科的内容，也是这些学科的局限性。正是在这个意义上，文化研究成了后学科"[①]。文化研究摆脱了传统学科观念的束缚，以"跨学科"或"反学科"的面貌横空出世，其边界难以捉摸。[②] 文化研究从文学、艺术学、历史学、经济学、政治学、心理学、媒介和传播学、社会学、教育学、法学、人类学等学科那里都获益匪浅。美国学者乔纳森·卡勒（Jonathan D. Culler）有过这样的感叹：

> 令人吃惊的是，随着文化研究的发展，已经说不清它究竟跨了多少学科，对它的界定就像对"理论"本身的界定一样困难。你可以说这两者是一脉相承的，"理论"是理论，而文化研究是实践。文化研究就是以我们简称为"理论"的范式作为理论指导所进行的实践活动。[③]

卡勒这样的描述，把文化研究的边界扩展到了极为广阔

---

① 弗雷德里克·詹姆逊：《快感：文化与政治》，王逢振等译，中国社会科学出版社 1998 年版，第 399 页，第 400 页。
② 以文化研究史上的一次盛会为例，1990 年学者们在美国俄班纳—山槟（Urban Champaign）举办了一次"文化研究研讨班"（会议发言后来被格罗斯伯格等人以《文化研究》为书名编辑出版）。参加会议的 41 人中，英语专业独占鳌头，有 11 人，传播学和艺术史专业各 4 人，人文专业有 3 人，妇女研究代表有 2 人，文化研究、意识思想史与电台、电视和电影专业各 2 人，宗教和人类学专业各 1 人。参见弗雷德里克·詹姆逊：《快感：文化与政治》，王逢振等译，中国社会科学出版社 1998 年版，第 410 页。
③ 乔纳森·卡勒：《文学理论入门》，李平译，译林出版社 2013 年版，第 45 页。

的原野上：只要用理论指导实践的活动都可以叫作文化研究！英国学者伊格尔顿也曾经把威廉斯的文化研究著作描述为"不像社会学，也不像哲学、文学批评或政治理论"，既像"创作的"和"想象性的"作品，又像"学术著作"，是"图书馆管理员的冤家和噩梦"。[①] 这段话也形象地揭示了文化研究的跨学科或反学科、后学科的特色。

文化研究的跨学科／反学科性质，有利于文化研究根据不同的问题切入点，不拘一格地撷取某些学科的理论资源进行研究。从根本原因看，还是因为文化与政治、经济、社会、心理、文学无法完全割裂。这一点虽然某种程度上也造成了文化研究的困境（如身份危机），但也可以被视为文化研究在学院里经久不衰的原因。

鉴于研究者彼此的关注点和动机不同，文化研究在多个学科之间游移不定，没有固定的理论和方法。研究方法上，文化研究挑战了人文学科和社会科学的正统，是当代跨文化研究的滥觞。文化研究分别吸收了文学和语言学的文本分析；人类学的民族志和田野调查；历史学的编年和考证；传媒学的受众分析；哲学的逻辑思辨训练；社会学的性别分析、定性研究和定量研究；心理学的精神分析法；经济

---

① 特里·伊格尔顿：《历史中的政治、哲学、爱欲》，马海良译，中国社会科学出版社 1999 年版，第 264 页。

学的经济变量分析。文化研究真正呈现出兼容并包的研究特色，它的方法论是一种"折中主义的"，这也成为文化研究的"一项优势"。①

霍加特在谈论当代文化研究的研究问题时，曾经详细列举了五个方面的问题：

1. 关于作家和艺术家：他们来自何处？他们是怎样成为作家或艺术家的？他们在经济方面的报酬如何？（当然，对于任何一个问题，人们可以做历史的比较。）

2. 不同的艺术形式有哪些欣赏者？不同层次的创作方式又有哪些欣赏者？他们有什么样的期望？他们具有什么样的背景知识？今天是不是存在像"普通读者"或者"聪明的外行"这样的人呢？从无名的裘德·基普斯②、波利先生③到凯斯特勒④笔下那些忧心忡忡的士兵，这一系列的人物之中有些什么样的人在登场和下台呢？哪些人是平装本知识

---

① 格雷：《文化研究：民族志方法与生活文化》，许梦芸译，韦伯文化 2008 年版，第 8 页。
② 英国小说家威尔斯在同名小说中所塑造的一个主人公。这篇文献的注释均为原注，下同。
③ 威尔斯在小说《波利先生的历史》中所塑造的人物形象。
④ 凯斯特勒（1905—1983）：匈牙利裔英国作家，主要作品有《暗无天日》（1940）、《与死亡对话》（1942）和自传体作品《蓝箭》（1952）、《看不见的作品》（1954）等。

读物的读者呢？

3. 舆论制造者以及他们发挥影响的渠道又是什么样的情况呢？……保护人、权贵、知识阶层（如果今天存在这样一个阶层的话）处于什么样的状况呢？他们来自何方？如果有人已经成为斯蒂芬父女①和加尼特夫妇②的接班人，他们又是谁呢？当我们想起诺埃尔·安南③写出像《莱斯利·斯蒂芬——他的一生和他所处的时代》这样一本难得的好书时，我们便认识到这儿有多少工作是能够做成的。

4. 从事生产和发行书面和口头语言产品的机构处于什么样的状况？这些机构在财政和其他别的方面属于什么样的性质？若是说书面语言产品（以及也许所有的艺术作品）正逐渐变成使用一下便很快被抛弃的商品，这样的说法是否符合实际情况？如果情况属实的话，这样的说法意味着什么（就想象而言不管它意味着什么）？举一个很小的例子来说，商务方面的实际情况如何？"平装本革命"属于什

---

① 莱斯利·斯蒂芬（1832—1904）：英国著名的文学编辑、批评家和传记作家，他的女儿弗吉尼亚·伍尔夫（1882—1941）是一位擅长心理描写和运用意识流的小说家。

② 爱德华·加尼特（1868—1937）：英国作家，曾帮助许多作者步入文坛，例如约瑟夫·康拉德。他的妻子康斯坦斯·加尼特（1861—1946）、父亲理查德（1835—1906）、儿子戴维（1892—1981）均是文坛名流。

③ 爱德华·安南（1916—2000）：传记作家，曾任英国皇家学院院长，1965 年被授予终身爵位。

么样的模式？又具有何种意义？

　　声誉的提高又怎样呢？在多大程度上是由于采用了商业性的手段才提高了声誉的呢？在这个问题上，正如汽车制造中所遇到的情况那样，尽力寻求高度的集中和合理化，因而往往将注意力过多地集中在少数几位艺术家的身上，而几乎完全忽视其他的艺术家。

　　5.最后，我们对于各种各样的相互关系所知甚微，例如作家及其读者之间的相互关系以及他们共同的设想，作家和舆论喉舌以及作家、政治、权力、阶级和金钱之间的相互关系，深奥微妙和通俗的艺术之间的相互关系，功能性和想象性的相互关系；我们与外国所作的比较又少得可怜。[①]

　　霍加特列出的诸多问题中，有些研究课题和对象属于传统的文艺批评，如传记批评、文学受众研究等，然而更多的是文学文本以外的对象，涉及稿酬、受众、媒介、生产机构、利润、商业推广、金钱、政治、权力等因素，必须要超

---

① 　Richard Hoggart, "Schools of English and Contemporary Society", *in Speaking to Each Other: Volume 2: About Literature*. London: Chatto and Windus, 1970, pp.231-243. 中译本参见理德·霍加特：《当代文化研究方法》，包振南译，载张英进、于沛编：《现当代西方文艺社会学探索》，海峡文艺出版社 1987 版，第 21—22 页。译文略有改动。

越传统的文学学科的领域，去寻求文学场之外的经济学、传播学、政治学等学科的支持。

文化研究拒绝被划入某个学科，也意味着不恋栈既有的学术资源，永远保有文化研究的边缘地位和批判性格。以研究战争为例，政治学学者关心的，可能是政府的国际战略；经济学家关心的，是战争对国际油价的影响；社会学家关心的，可能是战争对当地生活的冲击，如物价上扬对家庭关系的影响；等等。而文化研究则认为，这些议题不但互相影响，而且可以从文化的角度对以上议题综合讨论、批评与分析，如媒体直播战争的再现议题、资本主义在战争中的运作，或是战争在消费社会中的意义，抑或是好莱坞电影是如何阐释战争的，这正是文化研究的跨学科特色所显示的优势。

## 二、文化研究常用的研究方法

文化研究博采众长，惯于征用各种研究方法，其中最为常用的两种方法是文本分析方法和民族志方法，分别属于

"基于文本的研究"和"对活生生的文化的研究"。①

文本分析方法主要借助英美新批评的文本细读（close reading）理论，并成形于结构主义符号学的叙事分析和解构主义中，通过解剖语言符号，去分析文化产品中意义的表征、生产、流通和消费等问题，对文本（书籍、新闻、杂志、电影、电视节目、网页和音乐制品等）的研究已经成为文化研究的一个重要组成部分。文化研究的早期代表人物大多接受过文学专业的训练，因此在使用文本分析方法时也非常得心应手。例如，在伯明翰大学 CCCS 成立之初，活跃着两个研究小组：在第一个小组中，成员的阅读范围远远超过"其他学科"；在第二个小组中，理查德·霍加特带领学生细读了如布莱克的《老虎，老虎》《儿子与情人》的开篇、奥威尔的《猎象记》、西尔维亚·普拉斯"为声调而阅读"的诗歌《爸爸》等文本，解读其中隐含的作者对受众的态度。② 法国学者罗兰·巴特于 1957 年出版的《神话学》（*Mythologies*）是文化研究的经典著作，该书对电影、广告、

---

① 英国文化研究学者、CCCS 第三任主任约翰逊在《究竟什么是文化研究》一文中指出了文化研究的三种模式：基于生产的研究、基于文本的研究和对活生生的文化的研究。Richard Johnson, "What is Cultural Studies anyway?", in John Storey ed., *What is Cultural Studies? A Reader*, London: A member of the Hodder Headline Group, 1996, p.84. 译文见理查德·约翰生：《究竟什么是文化研究》，陈永国译，载罗钢、刘象愚主编：《文化研究读本》，中国社会科学出版社 2000 年版。译文有改动。
② 斯图亚特·霍尔：《理查德·霍加特〈识字的用途〉和文化转向》，胡疆锋译，载黄卓越、戴维·莫利主编：《斯图亚特·霍尔文集》，中国社会科学出版社 2022 年版，第 112 页。

照片、音乐、舞蹈、食物等进行符号分析，揭示自然化、去政治化的"神话"，即隐匿着的统治阶级意识形态。

文化研究探索出一种独特的文本分析方法，将文本置于历史的、物质的和文化的背景之中。因此，文化研究不认为意义是文本所固有的内容，也不认为意义是将艺术提到高于生活其他方面的杠杆，文化研究将文本当作文化的记录。这些记录不会与生产和消费它们的环境和条件分离。于是，文化的文本基本上且不可避免地植根于社会习惯、制度过程、政治和经济；对意义的理解不可能脱离文本存在的更广阔的文化流通与文化作用的环境。伯明翰学派在全盛时期聚焦于对亚文化的解读就是文本分析方法的体现，他们把"风格"看成亚文化的语言和符号。他们强调："风格问题，事实上是一个时代的风格，对战后青年亚文化的形成至关重要。""对风格的解读实际上就是对亚文化的解读。"①

民族志方法（ethnography，也译为"人种志"）是文化研究的另外一种重要方法。20 世纪 70 年代初期，社会科学研究方法被文化研究广为采用，特别是"质的研究"中的民族志方法格外受到文化研究的青睐。"民族志"起源于人类学的田野研究，强调以独特的方式提供原汁原味的引语、生

---

① Stuart Hall, Tony Jefferson, eds., *Resistance through Rituals: Youth Subcultures in Post-War Britain*, London: Hutchinson, 1976, p.52, p.203.

活的历史与个案的研究，注重对实际发生的事件进行如实的、详尽的描述。"参与考察"（participant observation）是"民族志"方法的具体体现，指研究者通过深入某一特定群体，长期观察、研究并尽可能精确地记录下他们观察、倾听、询问到的内容。早期的文化研究者常常使用这种方法来研究工人阶级的社区生活，揭示深层的潜在意义。霍加特的成名作《识字的用途》就使用了民族志方法，叙述了作者本人在年幼时（20世纪30年代）耳濡目染的工人阶级文化：休闲方式、生活态度、业余爱好等。保罗·威利斯为了完成《学做工：工人阶级子弟为何继承父业》（*Learning to Labour: How Working Class Kids Get Working Class Jobs*，1977），花费了整整3年的时间，跟踪访问了12个"哈曼尔镇男孩"（hammertown boys）——一些不爱读书、叛逆、来自工人阶级的男孩。威利斯通过和这些男孩一起听课、活动、工作，通过对家长、老师、其他青年群体、职业咨询师、工厂老板等人的访谈，留下了丰富而珍贵的民族志记录——在该书中，民族志部分约占一半的篇幅。詹姆逊盛赞此书为"新文化社会学领域的经典著作"，认为可以将其看作"富有原创性的"伯明翰学派的先锋文本，"甚至可以看作文化人类学，一种令人豁然开朗的东西，它像一根联结两极的中轴一样，把传统的人类学领域和文化研究的新领域贯穿起来"。① 威利斯后来的《共同文化》（*Common Culture*，1990）也使用了民族志研究，讲述了年轻人如何使用电视文本、视频、杂志、流行音乐、广告、服饰等，关注年轻人如何融入动态的日常社会传播和他们在媒体接受过程中所具有的生产性和创造性，以此观察全球化文化工业产品的消费。

民族志调查和受众调查有利于学者亲近、接触、跟踪、体验和研究真正的现实和特殊文化群体。

## 三、文化研究的两种范式

文化主义（culturalism）与结构主义（structuralism）是文化研究的两种基本范式。霍尔在《文化研究：两种范式》（1980）一文中对它们进行了详细的概括和溯源。②

文化主义范式以"实践批评"精神关注工人阶级文化，发现工人阶级文化以及日常生活文化的价值和意义，构成了"文化—社会"传统，将文化理论与社会现实、社会实践相联系。这种范式认为：文化是生活的整体方式，文化理论是

---

① 弗雷德里克·詹姆逊：《快感：文化与政治》，王逢振等译，中国社会科学出版社1998年版，第406页。
② Stuart Hall, "Cultural Studies: Two Paradigms", *Media, Culture & Society*, 1980, 2(1): 57-72. 译文参见斯图亚特·霍尔：《文化研究：两种范式》，孟登迎译，载黄卓越、戴维·莫利主编：《斯图亚特·霍尔文集》，中国社会科学出版社2022年版，第62—85页。

对生活整体方式中各个因素之间关系的研究。文化是由这些关系组成的"关系复合体",强调了实践的同源性,重视实践的根本独特性,强调有意识的斗争与有意识的组织的发展作为一个必要因素在历史与意识形态分析中的积极意义。

结构主义范式是围绕"意识形态"概念来阐释的,致力于研究文化的形式和结构。这种范式将"文化"概括为思想和语言中的各种范畴,并以此划分不同社会群体的生存条件;认为语言是文化至关重要的媒介,而"意义的生产"便是示意性实践。同时还关注文化与非文化的关系,旨在集中研究示意性实践内部的各种内在关系:强调实践活动的相对独立性、内在独特性、条件和效果;强调决定性条件;强调"整体"概念,重视结构统一体中实践的差异性;强调对"经验"的去中心化。

以上两种范式有一些相同点。它们同样重视抽象的必要性,认为在历史的真实性上,实践并不能完全从它们的代表性实例中区别并表现出来。此外,两种范式都对"意识形态"这一概念有所关注。文化研究的两种范式拥有相同的立场,并始终探讨条件与意识之间的辩证关系问题,试图讨论各种实践的特殊性,又讨论由实践所构成的各种形式的接合统一体。二者所共有的缺陷在于总是不断地返回经济基础或上层建筑的隐喻。

两种范式也有一些不同点。对于经验,文化主义认为

"经验"是场所，强调的是亲身经历，意识和条件在"经验"中相互穿插。而结构主义则指出"经验"不能被定义为任何东西的场所，因为人们只能在各种文化范畴、分类和框架中去感受和体验自身的生存条件，"经验"是感受的结果，是在意识形态作用下的一种想象性的关系。文化主义者将意识形态和文化定义为集体性的，但是结构主义者认为文化和意识形态不只是集体性的，而更是个体的创造、是无意识的结构。两种范式分歧在于"人"的概念：结构主义者认为"人"是结构的承受者，而文化主义者则认为"人"是历史的主动者。

这两种范式都在探讨文化研究的核心命题，也都有自己的活力和局限，正如霍尔本人概括的那样：无论"文化主义"还是"结构主义"，都不足以将文化研究构造成一个有明晰概念和充分理论根据的领域。它们作为自足的形式都将不再风行，文化研究应该汲取文化主义和结构主义著作的最好要素推进其思路[①]，在实践和结构中寻找一个合适的落脚点，这样才能够为当今文化研究带来经久不衰的感召力。

---

① 斯图亚特·霍尔：《文化研究：两种范式》，孟登迎译，载黄卓越、戴维·莫利主编：《斯图亚特·霍尔文集》，中国社会科学出版社 2022 年版，第 78 页，第 85 页。

<br>

第四节 ●
文化研究向何处去 ●

作为一种独特的问题架构，文化研究从来不是一个线性或单向的发展过程，它兼容多种主张和立场，是各种学术思想和方法的生产场域。它对社会问题进行批评，也在批判实践中提出有效的方法论指导。经历了半个多世纪的发展，文化研究已经成为一种冲击僵化的学科体系的批判性力量。不过，文化研究在全球经济文化迅猛发展的过程中，也遭遇了一些问题，引发了人们的反思。

第一个问题是文化研究的快速扩张带来了学术知识的泡沫发展和虚假繁荣。

文化研究"无组织、无纪律"的特征意味着任何研究都有可能被判定为"文化研究"。有学者这样描述道：站在任何一家大书店的文化研究专柜面前，很容易就会和齐美尔有同感，犹如大山压顶。好多研究成果都被泛泛地冠以"文化研究"的名号，以至于根本就看不清当代的研究潮流是什么，也无法判断在这些文山字海中，哪些才是真正新颖有趣的。① 这位学者揭示了文化研究在全球传播和扩张之后出现的浮躁和失去本色的情形。文化研究从来不是生产封闭的知识集合体，而是生产有用知识的炼金术。但对许多文学专业的学者来说，他们使用文本分析时非常轻车熟路，容易让文化研究满足于闭门造车和流于文字游戏。默多克批评这种现象是"浅显的、不深入的社会分析"，导致文化研究"不仅成了传统文本分析局限性的俘虏，也成了肤浅的新闻观察和报道的牺牲品"②。

　　文化研究进入中国的大学后出现一种"方兴未艾""热气腾腾"的情形。我国学者对此有过这样的描述：文化研究吸引了年轻一代的学术热情，激发了学生们的研究潜能，学生们的自学能力提高之快令人称奇，课程最终作业的选题相当丰富，如"日本动漫画""王菲现象""背包旅游族""计算机网络""男性杂志""摇滚乐"，等等。讨论的角度也多种多样：身份认同、权力关系、性别、文化霸权。成效也很显著，一个大三的本科生在经过一段时间的学习后，就能够写出蛮像样的论文，这既是文化研究的希望，更是文化研究的陷阱所在。学者在惊喜之余也提出了自己的忧虑：大三本科生就能够大面积地生产颇为"像样"的文化研究产品，这

---

① 本·卡林顿：《消解中心：英国的文化研究及其传统》，载托比·米勒编：《文化研究指南》，王晓路、史冬冬译，南京大学出版社 2009 年版，第 226 页。
② 赵斌：《文化分析与政治经济：与默多克关于英国文化研究的对话》，载李陀、陈燕谷主编：《视界　第 5 辑》，河北教育出版社 2002 年版，第 164 页。

本身不就是个陷阱吗？他的观点是：能否将文化研究真正做好，并不在于文化研究理论、方法运用得是否娴熟，更不在于文化研究的一套运作程序掌握得是否熟练，而在于问题的起点——你对当下的中国是否有自己独特的有想象力的发现！文化研究，要做得像那么回事，很容易；要真的做好，很难很难。[1] 这种反思切中肯綮，非常准确地揭示出文化研究表面繁荣背后的隐忧。

当文化研究的初学者像罗兰·巴特那样开始分析香水、占星术、葡萄酒、玩具等时髦的大众文化对象时，我们切莫忘记巴特还不无愤懑地说过：我用符号学阐释大众文化的宣言是"活在我们这个矛盾已达极限的时代，何妨任讽刺、挖苦成为真理的代言"[2]。

英国文化研究学者西蒙·弗里斯（Simon Frith）对民族志研究在文化研究领域的缺失有过这样的反思："传媒研究的扩张显然同工艺技术部门的发展（和传播部门的转变）有关联，但文化和传媒研究系的迅猛增加，也确实在研究方面带来了一些后果：文本分析比田野调查要便宜得多；亚文化的阅读更容易屈从于各种课本示例和课堂练习，而不是去搞

---

[1] 倪文尖：《希望与陷阱：由几篇习作谈"文化研究"》，载李陀、陈燕谷主编《视界 第7辑》，河北教育出版社2002年版，第112—113页。
[2] 罗兰·巴特：《神话——大众文化诠释》，许蔷蔷、许绮玲译，上海人民出版社1999年版，初版序第3页。

民族志或调查研究。"[1] 弗里斯指出的问题也值得包括中国学界在内的文化研究者借鉴。[2]

第二个问题是文化研究失去了批判的锋芒。

作为一种话语实践，文化研究针对当代社会提出有力的解析和批判，政治性和批判性构成了文化研究的主要特征。文化研究学者一向不秉持价值中立的立场，他们关注的焦点是文化如何被实践、被制造、在现实中被表征，以及文化实践如何引导不同的人群、种族、阶级，特别是弱势、边缘、被压迫群体，来获取文化主导权。但是当文化研究进入学院，成为一种学科化的知识，成了一门可以授予学位的教学活动课，成为学者在体制内谋生的手段后，就慢慢变成一门学科，成为权力结构的一部分，渐渐地失去了批判的力量，文化研究也难免陷入被收编的困境之中，成功地被驯化为知识产业的一部分。此时的文化研究已经变得过于抽象、过于机械，脱离了普通大众的生活和现实，而它本应代表大众去

① 西蒙·弗里斯：《后记》，载安迪·班尼特、基思·哈恩—哈里斯编：《亚文化之后：对于当代青年文化的批判研究》，中国青年政治学院青年文化译介小组译，中国青年出版社 2012 年版，第 210 页。
② 陶东风先生曾指出："西方那种具有深厚的社会学或人类学背景、以深入的田野调查或经验分析为基础的文化研究在中国就更加缺乏。"赵勇先生也指出：由于中国当下的文化研究主要采取的是足不出户的"文本分析"，因此"民族志的方法显然有助于调整高高在上的研究姿态，也有助于纠正虚浮的研究心态"。见陶东风：《文化研究：西方与中国》，北京师范大学出版社 2002 年版，第 5—6 页。赵勇：《关于文化研究的历史考察及其反思》，《中国社会科学》2005 年第 2 期。

制定反抗和生存的策略。<sup>①</sup>这已经成为文化研究正在面临的严峻问题。

伊格尔顿曾经描述和批评过文化研究出现泛滥和退化后的情形:

> 研究乳胶文学和在肚脐上挂饰件的政治涵义就是按照字面意义来揭示古老的智慧格言:研究应该是快乐的。这很像撰写你那篇比较麦芽威士忌口味的硕士论文或者对整天躺在床上的现象进行描述和分类的硕士论文。它开创了从高等智力到日常生活之间浑然一体的连贯。能一面看电视,一面撰写博士论文,自然是好事。过去,摇滚乐使你学习分心,现在它很可能是你研究的对象。学问不再是象牙塔之事,却属于传媒世界、购物中心、香闺密室和秦楼楚馆。这样,它们回归到日常生活——只是有可能失去批评生活的能力。<sup>②</sup>

伊格尔顿在这里说的"失去批评生活的能力"的情形,在美国表现得尤为突出。文化研究自 20 世纪 80 年代进入美

---

① 齐亚乌丁·萨达尔:《文化研究》,苏静静译,当代中国出版社 2014 年版,第 166 页。
② 特里·伊格尔顿:《理论之后》,商正译,商务印书馆 2009 年版,第 4—5 页。

国之后，出现了迅猛增长、快速职业化和体制化及所谓"理论的流畅性"等情形，不再关注权力和政治、阶级和意识形态的问题。文化研究成为一种文本研究和自由理论化的广泛形式。这种情形让到访的霍尔非常惊诧："我不知道如何谈论美国的文化研究。我被它完全惊呆了（dumfounded）。"他认为美国文化研究的"体制化""是一个十分危险的时刻"，因为它"拘泥于形式，而失去了对权力、历史和政治的批判性质疑"，"将权力指派为一种轻易漂浮的能指，后者只剩下了那些完全缺乏表意的权力和语言的天然的操练与联系"。[①]

文化研究之所以失去批判性，说到底是因为同政治经济学相脱离。麦克盖根指出："文化研究从文化的政治经济学中的脱离，为该研究领域之最自残的特征之一。""媒介机构的经济问题和消费者文化的主要经济动力很少去调查。"[②] 换言之，麦克盖根认为在进行文化研究时，不能仅仅关注文本的符号意义，还要关注文本所处的社会背景和历史语境，否则就会逐渐与政治和社会实践相脱离，丧失对权力、历史与政治问题的批判立场，如同马克思主义批评所遭遇过的那

① 斯图亚特·霍尔：《文化研究及其理论遗产》，孟登迎译，载黄卓越、戴维·莫利主编：《斯图亚特·霍尔文集》，中国社会科学出版社 2022 年版，第 99 页，第 100 页。
② 吉姆·麦克盖根：《文化民粹主义》，桂万先译，南京大学出版社 2001 年版，第 45 页。

样，也被"顺顺当当地塞在弗洛伊德学派的和神话学派的研究方法中间"①。

第三个问题是文化研究和文学研究的关系。

文化研究自从诞生之日起就对文学研究构成了很大冲击，赋予了文学研究新的身份和使命，如华勒斯坦（Immanuel Wallerstein）等人指出的那样："从事文学研究的学者，对他们来说，文化研究使他们对于当前的社会和政治舞台的关注具有了合法性。"②

不过，也正因为如此，有人担心文化研究过于纠缠于政治批判而忽视了文学和文艺的审美性，有人批评文化研究似乎包罗万象、漫无边界，却单单忘却了文学。卡勒曾描述过这种场景：法文教授著书论述香烟或肥胖对每个人造成的困扰，研究莎士比亚的学者分析双性恋问题，研究现实主义的专家们转而研究连环杀手，文学教授从弥尔顿转向了麦当娜，从莎士比亚转向了肥皂剧，文学研究被抛到一边去了。③甚至就连文化研究的先驱霍加特也埋怨英语研究／文化研究过于"当代化""社会化"和"道德化"。他在《当代文化研究方法》一文里把"文学和当代文化研究"所可能开拓的

---

① 特里·伊格尔顿：《马克思主义与文学批评》，文宝译，人民文学出版社 1986 年版，第 2 页。
② 华勒斯坦等：《开放社会科学：重建社会科学报告书》，刘锋译，生活·读书·新知三联书店 1997 年版，第 69 页。
③ 乔纳森·卡勒：《文学理论入门》，李平译，译林出版社 2013 年版，第 45 页。

领域分为历史和哲学方面的研究、社会学方面的研究和文艺评论，他把文艺评论看成最重要的课题。他说："如果我们忘却了文学中'赞美性的'或'娱乐性的'成分，我们将迟早停止谈论文学，而发现我们自己只是在谈论历史、社会学或者哲学，而且也许只是在谈论糟糕的历史、糟糕的社会学和糟糕的哲学。"① 这也说明文化研究学者在倡导文化研究的同时，对文化研究已经产生了某种反思，体现了一些学者对文学研究的某种守护和回归意识。面对当下文化研究越来越"泛滥"，甚至什么都谈就是不谈文学的趋势，霍加特的提醒是发人深思的。

文化研究的跨学科性和政治性／批判性一方面给文学研究带来了活力与生命力，另一方面也使文学研究产生了身份危机：文化研究要走向何方？文学研究是否会被文化研究取代或吞并？要回答这一系列问题也许尚需进一步观察，但有一点是明确的：文学研究和文化研究并非相互对立，水火不容。文化研究的目标不是要取代文学研究，而是要推动文学研究在关注文学对象自身特性的同时，努力摆脱学院的僵化与局限，将文学置入文化的领域之内，扩大分析空间，让文学研究获得新的动力和见解。借鉴文化研究的思路，文学研

---

① 理查德·霍加特：《当代文化研究方法》，包振南译，载张英进、于沛编：《现当代西方文艺社会学探索》，海峡文艺出版社 1987 年版，第 25 页。

究能够超越原有的学科门户界限，在文化的观点和学科知识整合的前提下与其他学科相互融通、支援，把文学作为一种独特而复杂的文化实践来考察，考察权力的不同作用是如何影响并覆盖文学实践的，这无疑会给文学研究带来新的气象。卡勒曾以文学经典为例论证了这一点：文化研究扩大了文学经典的范围，对以前被忽略的作品进行了广泛研究，它让人们醒悟：哪些作品应该成为研究对象，从来不由"杰出的文学价值"来决定，而与人们的兴趣有关；"杰出的文学价值"的标准在应用的时候一直受到非文学标准的干扰（政治、经济、种族、性别等）；而且，"杰出的文学价值"这一标准本身就是个有争议的问题，它可能把某一种文化的利益和目的神化了。[1] 这种开阔而新颖的研究思路，只依靠闭门造车的文学研究是不能获得的。

在格罗斯伯格的《文化研究的未来》一书的"题词"部分，作者引用了一段前人的诗句：我们走的道路可能会与历史相似，但我们绝非重复历史；我们的确来自过去，但是我们却是新时代的人。[2] 格罗斯伯格的意思大概是说，从事文化研究要创新性地继承，要坚持常识和传统，更要勇于更新和超越。在文化研究大潮席卷过后，人们可能不会再问：这

---

[1] 乔纳森·卡勒：《文学理论入门》，李平译，译林出版社 2013 年版，第 52 页。
[2] 劳伦斯·格罗斯伯格：《文化研究的未来》，庄鹏涛、王林生、刘林德译，中国人民大学出版社 2017 年版，题词。

个文本／现象有价值、有意义吗？而是会问：当我们在谈论某某有价值或有意义时，我们在谈论什么？这是什么意思？我们是在何种情况下问出这样的问题的？我们会发现，那些我们认为理应如此的常识实际上只是一种建构出来的观念。在文化研究大潮冲击之后，文学理论也不再是原来的面貌了，它开始研究和质疑一些看起来很自然的理论，开始倾向于使用既批评常识，又探讨可供选择的概念的理论。这种理论是跨学科的，是用于分析和推测的，是对常识的批评，是对被认定为自然的观念的批评；这种理论具有自反性，是关于思维的思维，我们用它向文学和其他话语实践中创造意义的范畴质疑，它包罗万象，永无止境，不停地争论着，让文学研究学者处于一个要不断地了解、学习重要的新东西的状态之下，迎接不可预测的结果。[1]

## 研讨专题

1. 文化研究的主要关注点是什么？它的核心命题是什么？

2. "文化转向"与"文化研究"之间有怎样的内在逻辑关联？

---

[1]　乔纳森·卡勒：《文学理论入门》，李平译，译林出版社 2013 年版，第 16 页。

3. 文化研究的主要倾向是什么？文化研究最基本的方法是什么？

4. 文化研究在发展中容易出现的问题有哪些？应该如何解决？

## 拓展研读

1. 罗钢、刘象愚主编：《文化研究读本》，中国社会科学出版社 2000 年版。

2. ［澳］格莱姆·透纳：《英国文化研究导论》，唐维敏译，亚太图书出版社 1998 年版。

3. ［英］戴维·钱尼：《文化转向：当代文化史概览》，戴从容译，江苏人民出版社 2004 年版。

4. ［英］Stuart Hall，陈光兴编译：《文化研究：霍尔访谈录》，唐维敏译，元尊文化 1998 年版。

5. ［英］雷蒙·威廉斯：《文化与社会：1780—1950》，高晓玲译，商务印书馆 2018 年版。

# 第二章

*/Chapter 2/*

# 文化

· · · · · · ·

对于包括文学研究学者在内的当代学术界来说，文化研究的兴起是一次"事件"（event），是"超出了原因的结果"，是"某种以出人意料的方式发生的新东西，它的出现会破坏任何既有的稳定架构"[①]。文化研究是具有活力、强度的不完满的活动，"为新事物的生产提供条件的创造性溢出"[②]，是"一系列奇点或奇点的集合"，是"转折点和感染点"[③]。它具有打破总体性结构的超越性、开启范式革命的冲动性和生产异质性的创造力，具有断裂性、独异性、悖论性、生成性。

关于文化研究的影响，霍尔也有过类似"事件性"的描述。他认为文化研究具有"独特的问题架构"，它的出现意味着严肃的、富有批判性的学术工作出现了最值得关注的具

---

① 斯拉沃热·齐泽克：《事件》，王师译，上海文艺出版社 2016 年版，第 6 页。
② 凯斯·罗宾逊：《在个体、相关者和空之间——怀特海、德勒兹和巴迪欧的事件思维》，蒋洪生译，载汪民安、郭晓彦主编：《事件哲学·生产第 12 辑》，江苏人民出版社 2017 年版，第 82 页。
③ Gilles Deleuze, *The Logic of Sense*, Mark Lester, trans. Constantin V. Boundas ed., New York: Columbia University Press, 1990, p.57.

有重大意义的"断裂"：那些陈旧的思路在这里被打断，那些陈旧的思想格局被替代，围绕一套不同的前提和主题，新旧两方面的各种因素被重新组合起来。一个问题架构的变化，明显转变了所提问题的性质、提问题的方式和问题可能获得充分回答的方式。①

霍尔在这里强调的"断裂"和"问题架构的变化"，指的就是文化研究的横空出世所产生的事件性后果。在这次事件中，社会史、文化史、思想史出现了观念和传统的重要转变，其中最明显的是文化观念全方位的转变。正如佩里·安德森（Perry Anderson）所说的那样："西方马克思主义典型的研究对象，并不是国家或法律。它注意的焦点是文化。"②文化研究在看待文化、文化生产的态度以及研究文化的方法上，与传统马克思主义和"文化—文明"传统都有了明显的不同，也显现出"葛兰西转向"后的明显特征。

---

① 斯图亚特·霍尔：《文化研究：两种范式》，孟登迎译，载黄卓越、戴维·莫利主编：《斯图亚特·霍尔文集》，中国社会科学出版社 2022 年版，第 62 页。
② 佩里·安德森：《西方马克思主义探讨》，高铦等译，人民出版社 1981 年版，第 97 页。

第一节 ●
●
文化马克思主义与文化生产 ●

　　"文化"（culture）在中西方语境里都是一个含义丰富的
词语。威廉斯在一系列著作中细致讨论过作为关键词的"文
化"，他发现：在 18 世纪末到 19 世纪上半叶这段时间里，
有五个词语非常重要，借助它们可以绘制出生活和思想领域
所发生的更为广阔的变迁地图。这五个词分别是"工业""民
主""阶级""艺术"和"文化"，其中"文化"一词的变化
最引人注目，它的发展记录了人们对社会、经济、政治生活
领域的变革所做出的一系列重要而持续的反应，借助文化，
人们可以对这种种历史变革的本质进行探索。从这个词语的
历史渊源和意义结构中，可以看到"一场波澜壮阔的思想和
情感运动"①。

　　正是出于对"文化"等关键词的兴趣，威廉斯在写完
《文化与社会：1780—1950》（1958）一书之后，仍然感到

---

① 雷蒙·威廉斯：《文化与社会：1780—1950》，高晓玲译，商务印书馆 2018 年版，
第 15 页，第 20—21 页，第 22 页。

意犹未尽，将该书导论和结语部分提到的"文化"等关键词扩充成了一本书《关键词：文化与社会的词汇》（1976）。通过对这些关键词的深入分析，威廉斯揭示了文化概念的演变以及文化如何被定义为"生活方式"的过程，从而民主地扩大了文化概念的范围。威廉斯、霍加特、霍尔、威利斯等人在《文化与社会：1780—1950》《识字的用途》《流行艺术》《学做工：工人阶级子弟为何继承父业》等著作中围绕"文化"等重要概念展开了浓墨重彩的描绘，勾勒出文化马克思主义的"地形图"，也开启了文化研究的征程。

## 一、文化马克思主义图谱

马克思曾经深刻地揭示了社会物质条件与社会意识之间的关系："不是意识决定生活，而是生活决定意识。"[①] "一个阶级是社会上占统治地位的物质力量，同时也是社会上占统治地位的精神力量。支配着物质生产资料的阶级，同时也支配着精神生产的资料。"[②] 这一系列观点体现了马克思的辩证唯物主义和历史唯物主义理论，回答了"世界的本质是什么"和"社会历史发展有着怎样的规律"等问题。但是需要

---

① 《马克思恩格斯选集》第一卷，人民出版社 2012 年版，第 152 页。
② 《马克思恩格斯全集》第三卷，人民出版社 1960 年版，第 52 页。

强调的是，马克思提出这些观点的时候，资本主义的生产方式还未成熟，他还没有足够的条件去全面考察文化领域，用本雅明的话就是："当马克思对资本主义生产方式展开批判的时候，这种生产方式还处在它的婴儿期。""上层建筑的转变却要比基础的转变慢得多。它花了半个多世纪方在文化的各个方面表明了生产条件的变化。只有在今天我们方能说明这种转变的形式。"① 不过，令人遗憾的是，马克思关于经济基础与上层建筑的系统论述经常被错误地简化为庸俗马克思主义"经济决定论"或"经济化约论"，或者简化为"经济基础决定上层建筑"这样的论断。同样，马克思的文化观的时代性和局限性也没有被传统马克思主义者准确把握。

由于文化研究学者往往有着西方马克思主义和新左派的背景，他们对文化格外重视，对传统马克思主义提出了质疑。以威廉斯为例，他一方面承认"马克思主义者赋予文化很高的价值"，但另一方面也指出了马克思主义在文化理论上的不足："马克思自己曾构想过一个文化理论，但没能充分加以完善。"② 威廉斯曾经以马克思本人的一个例证来说明马克思文化理论的"不适当"和"错误"：在《政治经济学批判大纲》（*Grundrisse*）中马克思在一处脚注中提到，制造

---

① 本雅明：《机械复制时代的艺术作品》，载汉娜·阿伦特编：《启迪：本雅明文选》，张旭东、王斑译，生活·读书·新知三联书店2014年版，第232页。
② 雷蒙·威廉斯：《文化与社会：1780—1950》，高晓玲译，商务印书馆2018年版，第385页，第397—398页。

钢琴的工人是生产者，他从事的是生产劳动；而钢琴家则不是，因为他的劳动并非再生产资本的劳动。威廉斯认为，对于发达资本主义来说，这样一种区别显然非常不适当——在这种社会中，音乐（而不只是乐器）的生产是资本主义生产的一个重要方面，这种不当只是它需要现代化的一个理由。但是这种现实的错误更具有基本性。[①] 威廉斯在这里的批评主要是因为马克思把生产只局限在物质和商品的范围内，而忽略了艺术活动和实践的生产性。

文化研究学者反对"经济化约论"这种文化观，他们认为，虽然物质因素有效地影响着现实层面，人们的生活方式和文化都受到经济力量的制约，但文化在经济基础和上层建筑之间具有更大的自主性和创造性，在塑造人们的价值观、信仰和行为方面发挥着重要作用。文化产品和文化实践既可以维护现有的社会秩序，也可以推动社会变革。由于他们主要从文化层面对马克思主义进行了补充，因此他们的主张也经常被称为文化马克思主义（Cultural Marxism）。

文化马克思主义的代表学者有卢卡奇、葛兰西、法兰克福学派和以伯明翰学派为代表的英国文化马克思主义者等。他们聚焦"大众文化""市民文化""消费文化""亚文

---

① 雷蒙德·威廉斯：《马克思主义与文学》，王尔勃、周莉译，河南大学出版社 2008 年版，第 101 页。

化""反文化""青年文化""粉丝文化""女性文化""物质文化""视觉文化""城市文化""空间文化""身体文化""网络文化"等话题，不断扩充"文化"的内涵和外延，开创性地衍生出诸如"文化领导权"（"文化霸权"）"文化生产""文化再生产""文化工业""文化水泥""文化唯物主义""文化帝国主义""文化诗学""文化无意识""文化资本""文化场""文化认同／身份""文化政治""文化记忆""文化相对主义""文化冲突""文化适应""全球化文化"等术语和概念，共同描绘出多彩的文化地形图。

和传统马克思主义相比，文化马克思主义更加关注文化层面的研究，强调文化和意识形态在社会变革中的作用。他们认为，宗教、道德、艺术和文学，既非全然自主地独立于经济生活之外，也不只是对此的反映，而是具有自己的逻辑和规律。他们借鉴了符号学、结构主义、后结构主义等多种理论和方法，关注文化现象如何与社会经济结构相互作用，以及文化如何影响、塑造人们的意识形态，更关注大众文化、艺术史、媒体研究等领域，关注文化现象的多样性和复杂性，强调文化在抵抗和批判现有社会秩序中的作用，更加关注文化在意识形态传播过程中的作用，主张将文化理解成一种自主的意义与实践活动领域。这种学说发展和丰富了马克思主义的文化观。

以伯明翰学派的保罗·威利斯的《学做工：工人阶级子

弟为何继承父业》（以下简称《学做工》）为例，该书最大的贡献是讨论了被描绘成学校教育"黑箱"的东西——文化生产。《学做工》以鲜明而厚重的民族志研究著称于世，被看成文化研究领域内"一匹颠覆性的特洛伊木马"[1]。它研究了阶级社会中义务教育和雇佣劳动的状况，讨论的核心是（反）学校文化和反智主义对于经济基础和社会基础的再生产功能。威利斯在全书开始就提出了核心问题：要解释中产阶级子弟为何从事中产阶级工作，难点在于解释别人为什么成全他们；要解释工人阶级子弟为何从事工人阶级工作，难点却是解释他们为什么自甘如此。[2]《学做工》深刻分析了工人阶级子弟是如何从校园文化中的反叛者转化为工厂车间文化的适应者的，作者得出的结论是：工人阶级子弟之所以愿意子承父业，是因为他们创造了反抗学校知识的文化，并借助这种文化形成了自己的劳动观和择业观，他们"对体力劳动力的某种主观意识，以及将体力劳动力应用到体力工作中的客观决定是在工人阶级反学校文化的特定背景中产生的"[3]。"正是那些孩子自己的文化，最为有效地让部分工

---

[1] 保罗·威利斯：《学做工：工人阶级子弟为何继承父业》，秘舒、凌旻华译，译林出版社2013年版，第303页。

[2] 保罗·威利斯：《学做工：工人阶级子弟为何继承父业》，秘舒、凌旻华译，译林出版社2013年版，第1页。

[3] 保罗·威利斯：《学做工：工人阶级子弟为何继承父业》，秘舒、凌旻华译，译林出版社2013年版，第3页。

人阶级子弟准备好以体力劳动的方式出卖劳动力。"① 威利斯把这种完成劳动力的再生产的方式概括为"自我诅咒"："在某种意义上，我们可以说西方资本主义社会的底层角色中存在一种自我诅咒。然而，矛盾的是，他们是以真正的学习、肯定、占有和反抗形式体验这种诅咒的。"②《学做工》发现了学校教育中学生的主体性、能动性和抵抗性，增加了"文化自觉"这个维度。孩子们"自作自受"地让自己丧失了从事中产阶级工作的资格，但他们不完全是资本主义工厂的炮灰，这些孩子具有真正的反抗意识，只不过这种反抗方式把自己再塑造成了产业工人。《学做工》展示出主体在接受文化过程中的能动性，概括出工人阶级的文化生产与社会再生产之间的复杂关系。

在文化马克思主义的视野中，文化政治研究和文化分析始终处于核心地位。以斯图亚特·霍尔为例，他把文化看作一种表意实践，注重探究文化与权力的关系，借此来分析和解决社会问题，他主编的《大学与左派评论》就高度重视对青年文化、亚文化、城市规划、广告影响、工人阶级分化、教育改革的影响，重视对艺术和电影批判的分析等。这种研究方法扩展了文化的定义，打破了以往高雅文化和大众

① 保罗·威利斯：《学做工：工人阶级子弟为何继承父业》，秘舒、凌旻华译，译林出版社 2013 年版，第 4 页。
② 保罗·威利斯：《学做工：工人阶级子弟为何继承父业》，秘舒、凌旻华译，译林出版社 2013 年版，第 4 页。

文化的壁垒，将日常文化的研究合法化和政治化了。霍尔认为，文化研究一贯关注的核心问题就是文化与权力在不同语境中的接合，文化研究应该注重分析政治、经济与文化的互动和变迁，揭示文化中的知识、权力与统治的关系，揭露其中的权力不平等现象，指出社会问题的根源，唤醒人们的政治意识，从而改变状况。正因为如此，霍尔的身影经常出现在英国主流媒体上，他发表演说，接受采访，为联合国教科文组织写稿，关切并介入文化政治问题，出色地履行了历史使命。

文化马克思主义创造性地提出了"文化生产的物质性"这一观点。在理解文化与历史唯物主义的关系时，文化马克思主义坚持历史唯物主义的观点，认为文化现象应该在特定的历史和社会背景下进行分析。这一观点与马克思的历史唯物主义相一致，但文化马克思主义更加强调文化在历史发展过程中的作用，以及文化如何在不同的历史时期和地区表现出独有的特点和功能。比如威廉斯在《马克思主义与文学》等著作中系统提出了"文化唯物主义"的理论，强调文化的物质性和生产性，以及文化实践在社会变革中的作用。他认为，不应该把生产力局限于"工业"或"重工业"，"生产"不仅仅指"那种为了市场的商品生产"[1]，文化"必然是一

---

① 雷蒙德·威廉斯：《马克思主义与文学》，王尔勃、周莉译，河南大学出版社2008年版，第100页。

种物质生产"，也是为了建立社会秩序和政治秩序而生的具有重大意义的一种物质生产：

> 从城堡、王宫、教堂到监狱、车间、学校，从战争机器到受到控制的出版业，任何一个统治阶级都在（以不同的方式但又总是物质性地）生产着某种社会秩序和政治秩序。这些绝不是上层建筑的活动。它们必然是物质生产，在这些生产中某种显然是自足的生产方式可以单独实行。在发达的资本主义社会中，这种过程的复杂性特别显著。在那里，要把"生产"和"工业"同那些有关"国防""法律秩序""福利""娱乐"以及"公众舆论"等较为物质性的生产分隔开来，完全是一种不着边际的想法。①

威廉斯在这里反复强调文化也是"物质生产"，不应该忽视文化的物质性，是因为他把文化看成一种创造着与众不同的"生活方式"的结构性社会过程，认为它的社会的物质过程遭受了"长期忽视"。②"其实并不存在什么领域、什么

---

① 雷蒙德·威廉斯：《马克思主义与文学》，王尔勃、周莉译，河南大学出版社2008年版，第101页。
② 雷蒙德·威廉斯：《马克思主义与文学》，王尔勃、周莉译，河南大学出版社2008年版，第18页。

世界、什么上层建筑，存在的只是带有特定条件和特定目的的、多样的、变化着的生产实践。"① 这一观点赋予了文化在经济基础和上层建筑的二元对立之间的一种特殊地位。他甚至认为文化不是上层建筑，而是多元的生产实践的一部分。威廉斯对"文化生产的物质性"的强调，为文化马克思主义的文化观的确立做出了突出贡献。

对于西方马克思主义 / 文化马克思主义的贡献，安德森曾经有过这样的评价：

> 西方马克思主义的主要思想体系也典型地产生了特殊的新理论主题，对整个历史唯物主义来说有更广泛的意义。这些概念的标志是，它们对于马克思主义的经典遗产来说，完全是标新立异的。可以这样概括：无论是在青年马克思或晚年马克思的著作中，或是马克思在第二国际的继承人的著作中，都根本没有提到或想到过这些主题。这里，恰当标准并不在于这些革新思想是否站得住脚，或者它们同马克思主义的基本原理是否符合，而在于它们的独创性。②

---

① 雷蒙德·威廉斯：《马克思主义与文学》，王尔勃、周莉译，河南大学出版社2008年版，第102页。
② 佩里·安德森：《西方马克思主义探讨》，张秀琴译，重庆出版社2023年版，第100页。

安德森在这里使用了"特殊的新理论主题""标新立异"和"独创性"等词语，准确地概括了文化马克思主义的文化观特别是文化生产观的重要意义。

## 二、文化产品的流通与消费路线

约翰生在《究竟什么是文化研究》（1983）一文中概括了文化研究的三种模式，分别是基于生产（production）的研究、基于文本（texts）的研究和对活生生的文化（lived cultures）的研究。这三种模式结合在一起，共同构成了文化产品的整个文化线路（参见图 1 文化产品的流通和消费路线）①。这个路线图堪称文化生产理论的最简图示，值得仔细考察。

根据约翰生的论述，图 1 既是资本及其扩大再生产的路线图，又是主体形式的生产和流通的路线图，也就是文化生产的路线图。图 1 左边的条件是生产条件（更接近于经济基础和物质基础），右边是消费条件。私下形式（不完全等同于个人意义上的私生活）更具体，范围更特殊；公共形式（全社会的共同文化，类似于巴特所说的"神话"或意识

---

① 理查德·约翰生：《究竟什么是文化研究》，陈永国译，载罗钢、刘象愚主编：《文化研究读本》，中国社会科学出版社 2000 年版，第 16 页。译文根据英文有改动。

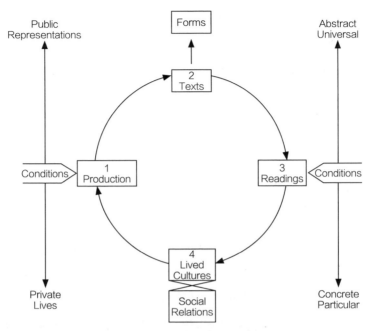

图1 文化产品的流通和消费路线

形态）更抽象，但是更普遍。图中"活生生的文化"（Lived Cultures）指的是"在特殊社会环境中活跃的现存文化因素的综合"，也就是受众的日常体验。"解读"就是受众对"文本"（Texts，即"文化产品"）的接受过程。图中的每一个方框代表一个独特的时刻或方面，涉及形式的特殊变化，每一时刻或方面都取决于其他时刻或方面，都是不可或缺的。不同的时刻或方面之间很难预见对方的形式，如从生产条件的分析中，我们无法预见解读的结果，即"经济化约论"并不是可靠的。

为了更清楚地论证这张路线图，约翰生像巴特分析雪铁龙生产线那样，分析了微型米特罗（Mini-Metro）汽车的生产与消费路线。[1]

米特罗[2]是 20 世纪后期非常标准的资本主义商品，具有特别丰富的意义积累，它拯救了英国汽车工业，打败了市场对手，解决了英国雷兰德（Leyland）尖锐的工业纪律问题，成为解决英国内外威胁的办法。其初次投放市场时所做的广告可谓非同凡响：在一个电视广告上，一队微型米特罗把一队进口车追至（并显然落入）英吉利海峡的多佛白色悬崖，从这里，它们就仿佛飞机一样壮观地飞走了。这是米特罗以民族英雄的形式回归的敦刻尔克精神。广告唤起了人们对民族史诗、"二战"的记忆和对内外威胁的感受，米特罗被纳入民族经济复苏和道德复兴的话语之中。这些都构成了图 1 中的"文本"。

那么，米特罗究竟是怎样生产出来的呢？它真的蕴含着广告所描述的民族精神吗？这就涉及图 1 中的公共与私下之间的运动，涉及比较抽象和比较具体的形式之间的运动。米特罗汽车的设计者的想法和经营者的"概念"最初只是私下

---

① 理查德·约翰生：《究竟什么是文化研究》，陈永国译，载罗钢、刘象愚主编：《文化研究读本》，中国社会科学出版社 2000 年版，第 15—18 页。
② Mini-Metro，通常称为 MINI，是一款起源于英国的小型汽车，由英国汽车公司（BMC）在 1959 年推出，旨在应对当时的能源危机和市场需求。设计出发点是小车身、大空间、低能耗。MINI 在历史上曾经拯救了英国汽车工业，还在外部市场的冲击下击败了竞争对手，成了一个文化符号和时尚标志。

的，甚至是秘密构思的，只有几个相关人士知道，可能是在董事会会议、酒吧闲谈或星期六进行高尔夫球比赛时构想出来的。但是，当这些想法一拿到"桌面上"，"米特罗"便呈现出比较客观和公共的形式，当汽车厂家将这个"概念"开始落实后，便出现投资问题，它再度成为"公共"形式。最后，米特罗的想法与此后不久出现的米特罗汽车便完全"曝光"了，赢得了比较普遍的关注。经过广告宣传，它成为一个重要的公共问题或是这类问题的象征（民族精神等），也成为一件实际产品和一系列文本：米特罗是"具体的"，可以驾驶它；但在另一种意义上米特罗又是相当抽象的，它停在展厅里，周围环绕着极富英国气息的文本，成为一件"闪光而意气风发的尤物"。事实上，米特罗成了广为扩散的一种意识形态形式的小小范式，约翰生把它概括为"民族销售"。

约翰生认为，米特罗成为公共形式的过程中有三件事情发生：首先，汽车（与其文本）显然是公共的，它赢得了即便不是普遍的但也是一般的关注。关于它的信息也得到了概括，无拘无束地越过了社会表层。其次，在意义层面上，公共涉及抽象。汽车与其信息现在被视为与构成它的社会条件相对孤立的东西。再次，它要经过许多不同规模的公共评价过程（重大的公共问题）：作为与其他型号竞争的技术——社会工具、民族象征和阶级战争中的赌注，它成了就意义而进行的殊死斗争的工具。在这个过程中，它被迫"说话"，以评价的口吻为"我们所有（英国）人说话"。

不过，约翰生也指出：这种文化生产注定不会是无往不胜的，因为在消费或解读的时刻，在面对具体的参观者时，人们不得不退回到私下场合，即特殊和具体的场合，不管为他们的解读而展示的原材料会是多么具有公共性。在各种条件下，特殊的消费者和读者群体私下里对米特罗现象的反应是各种各样的。其他汽车品牌的工人和米特罗顾客的看法完全不同，有人把米特罗（及其已经改变了的意义）只看作通勤和接孩子的代步工具，有人认为从中可以看到工业"和平"与民族兴盛的希望。对拖着两个孩子走进展厅的面带愁容的妇女来说，她能从这次展览看出这是谁的构思，它如何制造以及谁为它吃尽了苦头吗？对她而言，米特罗究竟能派上什么用场呢？不管他们面前的原材料（广告和推销话语）是多么具有公共性（令人热血沸腾），心事重重的母亲和天真无邪的孩子自有自己的解读，未必让生产商如愿。

约翰生的文化产品的流通和消费路线图，描绘的就是这样一个过程：一个文化产品（米特罗汽车及其广告宣传）是如何从私人形式（只不过是设计师或董事会的一个想法）转变为公共形式（民族形象的象征），从而获得了抽象概念与普遍性，但还是要面对具体且特殊的解读语境的。通过这个例子，约翰生得出了一个结论：文化产品的生产过程都是现代社会状况下文化线路内固有的，它们是由权力关系生产的，并生产权力关系。一个私下灵机一动的汽车创意，被打造成了一个集体的民族企业和国家形象，被意识形态变成了巴特所说的自然化的"神话"，以文化的方式完成了资本主义权力和经济关系的再生产。约翰生在这里果断摒弃了"经济化约论"，强调了经济基础与文化生产的互动，突出了文化生产的物质性和受众解读的复杂性，集中体现了文化马克思主义的文化生产观。

第二节 •
                                            •
从完美文化到日常文化 •

　　文化研究虽然发端于文学研究，但更关注文学之外的日
常文化和生活方式。它的研究对象从文学文本扩展到广义的
文化形态，如流行音乐、影视节目、足球、青年亚文化、住
宅、体育、服饰等不同于"大写的文化"（高雅文化）的"小
写的文化"，大大扩展了"文化"的边界，重新确定了"文
化"的地位。

　　根据威廉斯的考证，19 世纪中叶以来，文化主要有三种
含义：（1）18 世纪以来思想、精神与美学发展的一般过程；
（2）一种特殊的生活方式（关于一个民族、一个时期、一个
群体或全体人类）；（3）关于知性的作品与活动，尤其是艺
术方面的，指音乐、文学、绘画、雕刻、戏剧、电影，有时
候会加上哲学、学术、历史。[1] 虽然"文化"的主要含义只
有三种，但实际上人们对文化的理解要复杂得多。一方面，

---

① 　雷蒙·威廉斯：《关键词：文化与社会的词汇》，刘建基译，生活·读书·新知三
联书店 2005 年版，第 106 页，第 107 页。

文化"常常会成为一个或引起敌意或让人尴尬的字眼"[①]；另一方面，"文化是饱受批评，但仍能使我们逃脱权力那令人讨厌的影响的幸运地方"[②]。同样一种文化现象，如果运用不同的文化观念来打量，答案可能是大相径庭的。不妨看看1851年英国举办万国博览会这个例子。

1851年5月1日到10月11日，英国在伦敦海德公园举办了万国博览会，这是一个历史性的展览活动，展示了来自世界各地的最顶尖的工业技术、名优特产和奇珍异宝。为了举办这次博览会，英国用钢铁和玻璃在海德公园建造了一座巨大的展览馆，并称其为"水晶宫"。这座宏伟的建筑仅仅用了6个月就竣工了，堪称工业文化的代表。伦敦万国博览会吸引了来自全球各地的展商和参观者，确立了英国作为世界工厂的地位，标志着工业时代的开始和全球化交流的早期形态。不过有趣的是，对于这次万国博览会，英国人的评价却有着很大的不同。有人认为，华丽的哥特式风格向国际象征性地宣示英国傲人的辉煌成就，从建筑、设计、织品、蒸汽引擎到工厂机械，甚至包括叶兰[③]与浴室用陶瓷等各式各样的工艺品，高雅庄重与不登大雅之堂的器物同时交错呈

---

① 雷蒙·威廉斯：《文化与社会：1780—1950》，高晓玲译，商务印书馆2018年版，第20页。

② 特里·伊格尔顿：《理论之后》，商正译，商务印书馆2009年版，第94页。

③ 叶兰（aspidistras）是英国老式家庭常见的装饰性绿植，参见 Chris Jenks. *Culture*, London: Routledge, 2004, p.20。

现，世人可以从中体会到英国人对自身文化的优越感。他们形容这次万国博览会是"最高级的学校，用意在于把最高级的知识以最好的方式传达出来，再加上最高级的娱乐"。但也有人持反对意见，如维多利亚时代艺术趣味的代言人约翰·拉斯金[①]就对万国博览会评价很低，他看到的是工业化效应对当代人性所产生的腐蚀作用，认为博览会根本是由一些"丑陋的、短暂的、庸俗的东西"所组成的。[②]

人们对伦敦万国博览会的评价为何会截然不同？真正的原因是人们对工业化和工业文化的判断截然不同，对文化究竟为何物也有不同的理解。

在维多利亚时代著名的诗人和文化评论家马修·阿诺德看来，文化就是信仰，是美好，是光明，是对完美（perfection）的追寻。"关于完美是心智和精神的内在状况的理念与我们尊崇的机械和物质文明相抵牾"[③]，"机械主义"和"拜金主义"是时代弊病的根源，文化并不仅供娱乐，文化更能充实生命。"两希精神"的结合是文化救赎的基本路径。利维斯继承了阿诺德的观点，在他看来，机器破坏了古

---

① 约翰·拉斯金（John Ruskin，又译作约翰·罗斯金，1819—1900）认为工业资本主义社会过于丑恶，没有艺术，没有美。参见阮珅：《中国大百科全书 外国文学 I》，中国大百科全书出版社 1992 年版，第 641 页。

② Chris Jenks：《文化》，王淑燕、陈光达、俞智敏译，巨流图书公司 1998 年版，第 39 页。

③ 马修·阿诺德：《文化与无政府状态：政治与社会批评》（修订译本），韩敏中译，生活·读书·新知三联书店 2008 年版，第 12 页。

老的生活方式及形式，而且机器所带来的持续快速的变迁，阻挠了新的生活方式与形式的成长。[①] 威廉斯对阿诺德的观念却不以为然，他在《文化与社会：1780—1950》中认为，阿诺德所用的文学手法是一种"酸腐浪漫主义"，虽然阿诺德发表了很多关于阶级的言论，但是他始终无法完全脱离"陈旧的固有观念和习惯"的影响。[②]

如果说阿诺德等人研究和推崇的是"大写的文化"或精英文化，那么文化研究关注的则是"小写的文化"。

阿诺德和利维斯都从文化角度对高雅文化和伟大作品做过讨论。相较于屡受推崇的高雅文化，大众文化和工人阶级文化经常受到贬抑。文化被视为文明的极致表现，是横亘于伟大传统之中的经典杰作，是少数受过教育的精英人士的关注对象。文化研究学者提出了与之对抗的文化观，不赞同利维斯的"文化精英主义"所制造的"大众文明和少数派文化"的对立。文化研究重视的文化，不是浓缩在经典文学和高雅艺术里的思想活动和传统精神，而是形形色色的日常文化、亚文化、大众文化、底层文化、媒介文化、女性文化和少数族裔文化中的东西。用威廉斯的话说就是："文化是平常的。"（"Culture is ordinary."）

---

① F. R. Leavis and D. Thompson, *Culture and Environment: the Training of Critical Awareness*, NewYork: Greenwood Press, 1977, p.23.
② 雷蒙·威廉斯：《文化与社会：1780—1950》，高晓玲译，商务印书馆 2018 年版，第 184 页。

　　威廉斯在《文化与社会：1780—1950》（1958）、《漫长的革命》（1965）、《关键词：文化与社会的词汇》（1976）等著作中追溯了"文化"的含义是如何随社会的变迁而变迁的。在《文化与社会：1780—1950》中，威廉斯吸收了人类学对文化的定义，提出文化不仅仅指智力和想象性作品，从本质上说，文化也是一种整体的生活方式。这一观点强调了文化的平常性和实际生活的品格。在《文化是平常的》（1958）这篇论文中，威廉斯论述道："文化是平常的，那是首要的事实……文化永远既是传统的也是创新的，同时，文化既是最平常的，具有人所共知的意义，也是最精练的个人意义……我们用文化一词代表两种意义：既意味着一种整体的生活方式——共享的意义，也意味着艺术与学识——探索与创意活动的特定过程。某些作者只强调其中的一种意义，而我则坚持两种意义，并坚持两者相互结合的重要性……文化是平常的，存在于每一个社会和每一个心灵之中。"[1]威廉斯在这里反复强调：文化是整体的、开放的、动态的，必须通过平常生活的再现与实践活动来了解。这种对文化的界定，清除了利维斯等人的保守主义和精英主义文化观，破除了文化领域少数人的特权行为，为普通大众参与文化过程奠

---

[1]　Raymond Williams, "Culture Is Ordinary", in Robin Gable ed., *Resources of Hope*, London: Verso, 1989, p.4.

定了理论基础。

威廉斯后来又进一步提出了"文化是一种被实现的表意系统（a realized signifying system）"的观点，[①] 霍尔以此为基础，将"文化"界定为"表意实践"（signifying practice），把文化视为"共享的意义"以及意义的生产、传播和消费。他说："文化与其说是一组事物（小说与绘画或电视节目与漫画），不如说是一个过程，一组实践。文化首先涉及一个社会或集团的成员间的意义生产和交换，即'意义的给予和获得'。说两群人属于同一种文化，等于说他们用差不多相同的方法解释世界，并能用彼此理解的方式表达他们自己，以及他们对世界的想法和感情。"[②] 霍尔在这里对"文化"的解释，显然是威廉斯式的，他强调了文化来自大众的日常生活，来自共享的社会意义，来自人们理解世界的各种不同方式。

"文化是平常的""文化是表意实践"等判断对文化研究意义重大。首先，它扩展了文化的定义，从完美文化转向日常文化，将整个社会生活纳入了研究视野，尤其是把工人阶级文化、亚文化，以及电视、电影、流行音乐、广告、度假、体育赛事等也划归到文化范畴里，认为它们对认识社会

---

① Raymond Williams, *Culture*, London: Fontana, 1983, p.209.
② Stuart Hall, ed., *Representation*, London: Sage, 1997, p.2. 译文见斯图尔特·霍尔编：《表征：文化表象与意指实践》，徐亮、陆兴华译，商务印书馆 2003 年版，第 2 页。

都有其文化价值和意义。其次，它把文化和意义进行了联姻，认为文化即"意义的给予和获得"，从这一定义出发进行文化分析，能够澄清特定的生活方式所暗含的意义和价值。再次，这种文化观将大众文化研究合法化和政治化了。它承认大众文化是"日常的"，是一套"表意实践"，也承载着社会意义和价值观，这就打破了以往高雅文化和大众文化之间的壁垒，使普通人的平常生活进入大雅之堂，从而担当起颠覆统治意识形态话语的文化批判使命。

第三节 ·
 ·
霍加特和霍尔的文化理论比较 ·

　　霍加特和霍尔都是文化研究的奠基人和伯明翰学派的代表人物。国内学者在评述他们的时候往往强调他们在文化研究领域的开拓者地位，强调一个学派的学术共性，却很少关注他们内部的差异。如果我们细读霍加特和霍尔的早期代表作《识字的用途》(*The Uses of Literacy*，1957）和《流行艺术》(*The Popular Arts*，1964），我们就可以发现：他们的早期文化观念虽然有着明显的共性，但也存在着许多分歧。

　　霍加特和霍尔的相同之处在于：其一，两人都延续并拓展了英国学术研究的"文化—文明"传统，将学术研究对象从文学文本扩展到广义的文化和社会，重视"小写的文化"。"小写的文化"在这里是指相对于文化（Culture）开头字母C大写的文化（即精英文化）的普通文化或通俗文化，特指工人阶级文化和以工人阶级为主要消费对象的大众文化。其二，霍加特和霍尔都从大众媒介和大众娱乐对传统文化、青年的影响这一层面探讨了青年亚文化。

　　但是，在评价大众文化及青年亚文化时，霍加特和霍尔的观点又大相径庭：霍加特对工人阶级的有机文化持有一种怀旧态度，对大众文化和青年亚文化持一种排斥和批评的态度，他虽然超越了阿诺德、利维斯等人的精英主义文化观，但也止步于"文化—文明"传统的门槛；霍尔注意到了大众传播媒介在青年中扮演的重要角色，认识到了青年文化和大众文化的复杂性，并多次质疑霍加特的文化怀旧立场。前者也因此受到了后者的多次质疑和批评。辨析他们的这些分歧，有助于理解文化研究和伯明翰学派的文化观念的演变过程。

霍加特 1918 年出身于英国利兹的一个工人阶级家庭，就读于利兹大学，"二战"结束后，在赫尔大学成人教育系谋得文学教师一职。1964 年，霍加特在伯明翰大学英文系创建了"当代文化研究中心"（CCCS），任 CCCS 第一任主任；1968 年赴巴黎任联合国教科文组织副总干事，1972 年正式辞去 CCCS 主任职务。

霍加特的《识字的用途》（以下简称《用途》）是文化研究的筚路蓝缕之作。他在书中继承了以阿诺德、利维斯等人为代表的"文化—文明"传统，运用"文本细读"这一批评方式来探究更多的文化形态，如电影、商业广播、流行读物、休闲娱乐等。在讨论战后美国大众文化对英国工人阶级文化的"侵蚀"时，霍加特严厉批评了当时的美国大众文化和"堕落的"工人阶级青年亚文化，充分展示了自己的文化观念。

《用途》的重点是描述英国工人阶级文化的变迁。据霍加特的自述，他想在《用途》中避免两点：一是把无产阶级文化贬得一无是处、低劣或者粗糙；二是滥情地接受。霍加特摒弃了阿诺德、利维斯等人对工人阶级文化的苛责，把20世纪30年代的工人阶级文化称为"丰富充实的生活"（the full rich life）。霍加特在书中多次用浪漫和留恋的笔调描写了工人阶级自娱自乐的通俗文化。在他的笔下，工人阶级生活一扫阿诺德所说的"群氓"的"无政府主义"的混乱和芜杂，而体现出清新、健康、自然、自足的特点。不过，霍加特在书中表现出的文化悲观主义也引发了诸多争议和批评。

《用途》的核心思想是：真正的英国工人阶级社群正被大众文化和美国文化裹挟着融入文化荒漠。霍加特目睹了战后工人阶级文化的巨大变迁。《用途》的第一句话就是："经常有人说现在英国已没有工人阶级了，不流血的革命已经发生了。"[1]"二战"后，英国在经济、社会和文化方面都发生了重大变化：工人生活比以往要富裕很多，青少年消费水平日益提高，政治选举权范围扩大，等等。霍加特为工人阶

---

[1]　Richard Hoggart, *The Uses of Literacy*, New Brunswick: Transaction Publishers, 1998, p.1. 参考了中译本理查德·霍加特：《识字的用途》，阎嘉译，商务印书馆2020年版，第45页。

级的居住条件、健康和教育机会的改善欢欣鼓舞，他感慨地说："我的祖母和母亲如果在 20 世纪中叶供养家庭，也许会少操不少心。"①不过，让霍加特担忧的是，随之而来的，是工人阶级文化的失落和"恶化"，工人阶级青少年受到大众文化的影响而变得粗俗，成为大众文化的牺牲品。

霍加特所讨论的大众文化主要包括"性与暴力小说""下流杂志""商业性通俗歌曲"和"自动点唱机文化"。他认为是它们引诱工人阶级让自身及其文化迷失在无知觉的、浅薄的"棉花糖世界"中，迷失在"闪光的野蛮状态""虚假的光芒"中，迷失在来自大西洋彼岸的世界之中。霍加特的焦虑集中在"自动点唱机小子"（the Juke-Box boys）身上，这些青年非常迷恋当时密布在城市中的冷饮吧（milk bar）里的"自动点唱机"。在霍加特的眼中，冷饮吧"显示出了现代主义装饰物的俗丽和耀眼的浮华"，是"一种审美上的崩溃"。15—20 岁的青年把硬币一个接一个地投进自动点唱机，每次从 12 张美国流行唱片中选歌，自动点唱机发出了"刺耳的噪音"。②

对于这种"自动点唱机"文化和生活方式，霍加特毫不客气地痛斥道：

---

① Richard Hoggart, *The Uses of Literacy*, New Brunswick: Transaction Publishers, 1998, p.129.
② Richard Hoggart, *The Uses of Literacy*, New Brunswick: Transaction Publishers, 1998, pp.189-190.

即使与街角上的酒店相比，这种生活方式也完全是一种特别浅薄的、病态的放荡形式，是一种熟牛奶弥漫的香味中的精神腐化。许多顾客——他们的衣着、发式、面部表情说明了一切——很大程度上生活在一个神话世界之中，其中混合着一些他们心目中的美国生活的单调成分。

他们是意志消沉的一族，绝称不上是工人阶级的典范；他们大部分人也许都比不上普通人那么聪明，因而他们比其他人更加不加掩饰地破坏大众时尚，他们没有目标，没有雄心，没有防御，没有信仰。

他们是一些重要的当下势力试图创造出来的人物，是没有方向的、看管机器的阶级中驯服的奴隶……这些人是追求享乐的消极的蛮族，他们花3便士坐50马力的公共汽车，花1.8个便士看500万美元制作的电影，他们不仅是一群社会怪人，也是不祥之兆。[1]

这几段话，集中体现了霍加特对大众文化和青年亚文

① Richard Hoggart, *The Uses of Literacy*, New Brunswick: Transaction Publishers, 1998, pp.190-191.

化的基本看法：第一，"自动点唱机小子"迷恋和模仿的文化是一种来自美国的消费文化和大众文化——美国式的"俗丽""浮华"和"懒散"，美国的"时装"、好莱坞电影以及"美国唱片"等；第二，这种大众文化是大批量生产和复制的东西，是流行一时的、千篇一律的文化，是一种单调的"噪音"；第三，对于战时和战后最初几年所热忱的道德观念被享乐主义和消费主义所取代的现象，霍加特产生了一种清教徒式的反感；第四，美国大众文化使得英国工人阶级青少年耽于享乐，意志涣散，精神空虚，失去了创造的自由，远离了具有活力的工人阶级的本真性。

霍加特以上观点的最大问题，不在于他对美国大众文化的迅猛扩张过于忧心忡忡，也不在于他过分美化和留恋工人阶级文化，而在于他站在民粹主义的立场上，低估了大众文化的构成和接受的复杂性，仅仅把大众文化的传播看作单向度的过程，对大众文化的消费者——工人阶级青年的主动性和解读能力估计不足，把青年当作只能被动消费、不会反思、不能创造的客体，忽视了青少年能够让大众文化"为我所用"从中获得抵抗的力量和解放的感觉。霍加特的一只脚迈出了阿诺德、利维斯等人的精英主义文化观，另一只脚仍然停留在"文化—文明"传统的门槛里。[①] 只不过，阿诺德和利维斯是为了保卫少数人的精英文化而反对"无政府"的工人阶级文化，而霍加特是为了保卫工人阶级文化而反对美国大众文化。

霍加特在严厉批评"自动点唱机小子"的时候，没有看到 20 世纪 50 年代自动点唱机作为一种新媒介的重要作用，忽视了点唱机对节奏布鲁斯和具有反叛精神的摇滚乐等新音乐的催生作用。英国最伟大的摇滚乐队"披头士"风靡世界，其成员毫无例外地都是利物浦的工人阶级子弟出身。点唱机对工人阶级文化的传播、更新和再创造所发挥的作用是不可忽视的。[②] 英国当时的许多亚文化人群如无赖青年、摇滚派、嬉皮士，跟流行音乐、摇滚乐都有着千丝万缕的联系。霍加特否定了"点唱机文化"，实际上就是否定了工人阶级青年在接受大众文化时的选择、抵抗和创造的能力。他的这一立场在 20 世纪五六十年代并非个别现象，比如 1961 年的一篇社论就这样评论青年亚文化："我们没有一代有罪的青年人，我们有最自私的一代青年人，我们有一代物质主义的青年人，我们有一代贪婪的青年人，他们吃着碗里的，

---

① 这一点霍加特的学生们看得很清楚，在 1970 年 1 月霍加特去往巴黎后，在霍尔和学生的一次会议记录上有这样一句话："你已经看清了，我们现在是一个'红色组织'，不能再和霍加特、马修·阿诺德式的文化传统有什么关系了。"见马克·吉普森、约翰·哈特雷：《文化研究四十年——理查·霍加特访谈录》，胡谱中译，《现代传播》2002 年第 5 期。
② 泰勒·考恩：《商业文化礼赞》，严忠志译，商务印书馆 2005 年版，第 210 页。

看着锅里的。"① 这种观念把青年描述为消费文化中的"纯粹的牺牲品",显然忽视了受众的主动性。

由于霍加特的早期文化理论所存在的局限性,他在很长一段时间里都成为伯明翰学派的批评靶子。作为同事、学生,霍尔等人尽管非常尊敬霍加特,但对他的批评却是丝毫不留情面的。1976 年,在《用途》出版近 20 年后,文化研究的一本经典著作《通过仪式抵抗:战后英国的青年亚文化》出版。霍尔等人在评述亚文化理论时,矛头直指霍加特:"更为复杂的是,新的青年文化的某些方面被怪异地视为新兴的大众文化的最糟糕的结果的再现——它倾向于认为工人阶级的行动和抵抗的活力已经是一盘散沙。霍加特,在许多方面记录了他们的工人阶级文化经验的细微差别,不得不在这里冒犯,因为他描写了'电动点唱机小子',而它几乎是缺少具体性的、不能感同身受的描写。"②1988 年,霍加特和霍尔的学生赫伯迪格也在批评霍加特:他"把美国和大众文化等同起来,把美国化和同质性等同起来,把美国的现在和英国的未来等同起来。"③ 另一位伯明翰学派的传人约翰·斯道雷也指出:《用途》一书的致命之处在于霍加特未

---

① Stuart Hall and Paddy Whannel, *The Popular Arts*, Boston: Beacon Press, 1967, p.276.

② Stuart Hall, ed., *Resistance through Ritual: Youth Subculture in Post-War Britain*, London: Hutchinson, 1976, p.19.

③ Dick Hebdige, *Hiding in the Light: on Images and Things*, London: Routledge, 1988, p.57.

能以看待 20 世纪 30 年代大众文化（popular culture）的宽容态度来看待 50 年代的所谓群氓文化（mass culture）。[①]

虽然屡遭批评，但不能否认的是，霍加特的《用途》对文化研究还是有着重要贡献的。他摆脱了越轨社会学总是集中在犯罪、越轨等社会学领域研究亚文化的定式，转向了媒介、消费和通俗文化，这为文化研究划出了崭新的领域。此外，出于对工人阶级文化的敏感，霍加特对工人阶级青年亚文化的服装和音乐风格的细致描述，对大众文化引发的快感的评论，以及所使用的民族志研究方法，都有助于后来者理解工人阶级青年文化，对伯明翰学派的亚文化理论也具有建设性意义。

就对文化研究和伯明翰学派的影响而言，霍加特只是一个勇敢的开拓者，而非真正的精神领袖。伯明翰学派真正的灵魂是比霍加特年轻约 14 岁的斯图亚特·霍尔。

作为文化研究的领军人物，霍尔是一个让人惊奇的学者。和很多著作等身的教授相比，他的成果显得那样"单薄"：在近 60 年的学术生涯中（1957—2013），除了几本几十页的小册子，霍尔单独署名的英文专著只有一本《艰难的复兴之路：撒切尔主义与左派的危机》，其他二十多本书

---

[①] 约翰·斯道雷：《文化理论与大众文化导论（第七版）》，常江译，北京大学出版社 2019 年版，第 49 页。译文有改动。

要么是合著，要么是编著；他发表的二百多篇论文大多散落在各种刊物和文集中。那些具有里程碑意义的理论名篇，如《编码，解码》《文化研究：两种范式》《解构大众笔记》《意识形态的再发现》，不知被多少部文化研究读本选用，但始终没有汇总出版。凭借这些不够抢眼但非常厚重的学术成果，霍尔赢得了许多殊荣："文化研究之父""文化研究的同义词"等等。

霍尔于 1932 年出身于牙买加金斯敦的一个黑人商业中产阶级家庭。1951 年，霍尔进入牛津大学莫顿学院学习文学，并逐步成为新左派的代表人物，担任了《大学与左派评论》的编辑和《新左派评论》的首任主编。1964 年霍尔加入"当代文化研究中心"（CCCS）任主任助理，1968 年代理中心主任一职，1972 年正式出任 CCCS 主任，1979 年离任。霍尔在 CCCS 的实际影响力比首任主任霍加特更为深远。他主持工作的 11 年（1968—1979）也是英国文化研究发展史上的黄金时期。

霍尔早期的文化理论主要体现在其第一本著作《流行艺术》（和沃内尔合著）中。和许多文化研究著作相似，《流行艺术》的写作起因与学校教育直接相关。霍尔曾在英国的普通中学教过书。那段时间，他清楚地感觉到，在"正式教育的标准和经验"与"青少年真实世界的复杂性"之间存在着矛盾。[①] 霍尔在这里所说的"矛盾",其实就是大众文化和青年亚文化对学校正统文化形成的挑战。作为教师,霍尔迫切感到有必要重新认识青年亚文化,需要在学校教育和一些青少年喜爱的现代艺术特别是电影、爵士乐之间建立起联系,从而填平校外和教室之间的鸿沟。

和霍加特的《用途》一样,霍尔对青年文化的探讨,也是从大众媒介和大众文化对传统文化、青年的影响这一层面介入的,但两人的态度和结论大相径庭。《流行艺术》对大众文化持现实和辩证的态度,拒绝承认在"前工业时代英格兰的有机文化"与"今天的批量生产的文化"(即大众文化)之间存在着"传统的对抗",这是因为:

> 旧时的文化已经逝去,因为产生它们的生活方式已经逝去。工作的节奏已经永久性地改变了,封闭的小范围的社区正在消失。抵制社区的不必要的扩张、重建地方独创性也许很重要。但是,假如我们想要重新创造一种真正的通俗文化的话,我们只能在现存的社会之内寻找生长点。[②]

① Stuart Hall and Paddy Whannel, *The Popular Arts*, Boston: Beacon Press, 1967, Introduction.

② Stuart Hall and Paddy Whannel, *The Popular Arts*, Boston: Beacon Press, 1967, p.38.

　　显然，与霍加特的怀旧态度不同，霍尔对昔日的工人阶级文化并不存在留恋和固守，而是清醒地看到了它的逝去已不可挽回，"真正的通俗文化"的"生长点"不在过去，而在"现在"。

　　霍尔注意到，战后大众文化的冲击突出地表现在媒介革命和青少年革命这两种相互融合的革命上。媒介革命是指录音机、摄影机、广播和电视等大众媒介所带来的传播革命及其引发的对艺术和娱乐的作用。青少年革命是指青年人在战后消费能力提高、娱乐设施增加的背景下表现出来的明显的态度和风格的变化。霍尔注意到大众传播媒介在青年人的生活中扮演了重要角色，如电影、电视节目和流行歌曲对青年影响极大，但并非霍加特所说的只是让人堕落："通过各种不同的艺术和娱乐，媒介提供了具有想象力的体验，这对青年人的态度和价值产生着限制和影响。"[1]

　　霍尔归纳，当时英国社会对新兴的媒介文化和大众文化主要有三种态度。

　　第一种是敌意的态度。认为"大众文化和传统文化是彼此水火不容的两种文化"。比如，认为"流行音乐是好的音乐的反面"，不承认流行音乐有着不同的成就、目标和自己的标准。《用途》就属于这种态度。

---

① Stuart Hall and Paddy Whannel, *The Popular Arts*, Boston: Beacon Press, 1967, p.20.

第二种是文化机会主义（cultural opportunism）的利用态度。文化机会主义通过接受青年人的娱乐兴趣与青年人建立联系，然后对流行文化进行规范，试图建成"圣坛上"的点唱机和摇滚"牧师"，其意图是让青年人发展更广泛的兴趣，引导他们欣赏更好的事物，他们对流行娱乐的兴趣是虚假的而非真实的热爱。文化机会主义者从爵士乐开始，但目的是把青少年引向音乐会；从电影开始，但目的是发展青少年对戏剧的兴趣。[1] 这种态度实际上还是视大众文化为一种威胁，和第一种敌意的态度没有本质的区别。

第三种是全盘接受的态度。迷恋大众文化的青少年主要持这种态度。

霍尔对这三种态度均不赞同。对第一种态度，他认为其根源是文化悲观主义，认为大众文化和媒介给传统文化带来了威胁。霍尔认为大众媒介的大量传播并不是造成工人阶级传统文化衰落的原因：《圣经》的销量超过杰姆斯·哈德利·齐斯[2]的书，许多色情文学比《目击者》[3]卖得还要少。霍尔批评了利维斯的"文化—文明"传统："利维斯的《文化与环境》（1933）虽然扩大了文化的范围，但是它的基调是保守和悲观的。它把前工业社会的英格兰和今天大量制造

---

[1]　Stuart Hall and Paddy Whannel, *The Popular Arts*, Boston: Beacon Press, 1967, p.37.
[2]　杰姆斯·哈德利·齐斯（James Hadley Chase）（1906—1985）：英国推理小说作家。
[3]　《目击者》创刊于1828年，是英国全国性周刊中历史最久的杂志。

的文化对立起来。"① 霍尔还不点名地批评了霍加特对工人阶
级的有机文化的怀旧态度:"因为民间文化和生活方式如此
完全地相互改变,我们现在不能希望在没有复原这种生活方
式的情况下使这种文化继续存活。重回有机社区的渴望是一
种文化怀旧,只有那些没有体验过这种生活的束缚的和不近
人情的人才会虔诚地迷恋它。"② 这种措辞是很严厉的,也切
中了霍加特的问题。

霍尔也批评了"文化机会主义"和"全盘接受"的态
度。他认为机会主义者的观点尽管看起来更加开放,但骨子
里是一种思想上的变体——由新媒介提供的艺术和娱乐对传
统文化是一种威胁。霍尔认为,这种态度未能做出必要的价
值和种类的区分,使用的道德门类太笨拙,不能把握风格的
精妙。霍尔认为对媒介也不应该"不加批判地接受"——要
认识媒介文化,重要的是对媒介文化进行辩证的价值判断和
评估:"首要关注的是在好的、有价值的和糟糕的、无价值
之间进行的斗争,不是反对现代传播形式的斗争,而是要反
对媒介中发生的矛盾。"③ "打破对媒介的区分——严肃/通
俗,娱乐/品质,要注意风格的形式——传播的形式。它的
内在,隐含的韵律和重心。"④ 这种态度,实际上就是主张对

---

① Stuart Hall and Paddy Whannel, *The Popular Arts*, Boston: Beacon Press, 1967, p.38.
② Stuart Hall and Paddy Whannel, *The Popular Arts*, Boston: Beacon Press, 1967, p.53.
③ Stuart Hall and Paddy Whannel, *The Popular Arts*, Boston: Beacon Press, 1967, p.15.
④ Stuart Hall and Paddy Whannel, *The Popular Arts*, Boston: Beacon Press, 1967, p.47.

大众文化进行细致的解读和分类，不再把它看成铁板一块的事物。

比如，在对待流行音乐的问题上，霍尔不主张把流行音乐和古典音乐进行比较，而是主张在流行音乐的内部做比较，将一般的流行音乐和爵士乐区别对待，因为：

> 从总体上看，爵士乐看起来更是无穷丰富的音乐，不管是从美学上还是从情感上都是这样。……
>
> 以爵士乐为参考能帮助我们将其与其他的娱乐音乐进行比较，尽管这些音乐也有合理的用途和可辨别的标准。在进行这样比较之后，不应简单地把青少年和点唱机英雄隔绝开来，而是要警示他们注意别被模式化控制和警惕被商业市场规定好的音乐的局促性和短暂性。[①]

20 世纪 60 年代，爵士乐（包括摇摆爵士）是最典型的流行音乐。实际上，霍尔是把流行音乐分为爵士乐和其他音乐两类。在霍尔看来，在流行音乐内部，爵士乐是更值得一听的流行音乐，因为它的"美学和情感内涵"更丰富。这样

---

① Stuart Hall and Paddy Whannel, *The Popular Arts*, Boston: Beacon Press, 1967, pp.311-312.

的比较不是把青少年和霍加特所排斥的"点唱机英雄"隔离开来，而是提醒青少年要警惕流行音乐的商业化和标准化。霍尔的这种分析打破了大众文化是铁板一块的一贯说法，与霍加特的"民粹主义"及"文化机会主义"有很大的不同。霍尔认为不同的音乐有不同的标准，不认为流行音乐就低人一等：爵士乐和电影（当时同样是大众文化的代表）抒发了不同的特殊情绪，如果它们只被看作趣味等级中的垫脚石就会让人困惑，因为不同的音乐提供的满足感是不同的。①

在此基础上，霍尔提出，受到媒介和大众文化影响的青少年亚文化有着复杂的动因和特点：

> 青少年亚文化是本真和复制的矛盾混合体。对青少年来说，它是一个供青年们自我表达的领域。对商业供应者来说，它是水清草肥的牧场。
>
> 我们对待青年人的态度和商业娱乐业为未成年人的消费提供的事物之间存在着复杂的互动关系。青年人被丹麦街（Denmark Street）苛刻的商人白白盘剥这一模式虽有几分道理，但太简单化了。我们观察到，这在某一方面更类似电视，在那里，供应者的企图与通常有特殊风格的观众的主旨从来没

---

① Stuart Hall and Paddy Whannel, *The Popular Arts*, Boston: Beacon Press, 1967, p.38.

有完全融合，而是经常冲突。这种冲突在青少年娱
乐领域尤为明显。[①]

　　这段话的意思是：亚文化不是被动地接受大众文化的产
物，大众文化提供的符号意义和青年自己的解读从来不完全
相同。青少年文化中既存在着"本真"，也有着"复制"。青
少年迷恋大众文化，并非一味被动地接受提供者的符号意
义，而是能够解读出自己的含义，因而他们对大众文化的解
读经常出现"冲突"。这一观点和霍尔 8 年后（1972 年）在
《文化工作报告》第 7 期上发表的论文《媒介话语中的编码
与解码》（*Encoding and Decoding in the Media Discourse*）的
要旨是一致的。在这篇文章中，霍尔提出了著名的"编码—
解码"理论。他认为"媒体话语不是呈现意义，而是在社
会生产、流通与消费中生产意义"，继而提出了三种解读模
式——反抗式解读、谈判式解读、接受式解读。《流行艺术》
可以说是对这一理论的初步阐发。
　　霍尔还发现亚文化经常体现出离经叛道的反叛姿态：无
赖青年的服装是对上层贵族的反叛；特里·迪恩的《青少年
的梦》是对父辈的反叛；詹姆斯·迪恩的电影《没有来由的

---

① Stuart Hall and Paddy Whannel, *The Popular Arts*, Boston: Beacon Press, 1967, p.276, p.267.

反叛》和《伊甸之东》是对社会的反叛。"如在青少年中出现了一股强烈的离经叛道的反叛潮流,在早些阶段,这些反社会的情感相当活跃,以它所有的形式拒绝权威,对成人制度和传统的道德和社会习俗满怀敌意。"[①] 很明显,在霍尔看来,流行音乐、服装和电影等流行文化不是应该被贬抑、被批判的"大众文化",而是表达阶级和世代抗争意味的"青年亚文化"。

那么,青少年为什么会追求反叛的风格?青年亚文化为什么会出现?霍尔主要从两个层面进行了解释。

从心理层面上,霍尔认为:"青年人追求风格,实际上是他们对意义和生活模式的认同下更深层的追求。它是青年人成熟过程中的一个主要阶段——一种对认同的追求……。它有自己的箴言——'您的自我就是真实'。未成年人正致力于发现真实的自我。"[②] 概括地说,青年追求风格和亚文化,就是为了建立一种认同,发现真实的自我。

从广阔的社会层面上看,霍尔认为青年亚文化的产生有"更深的社会基础",青年亚文化是一种特殊的社会反应。当时未成年人在学校要停留更长的时间,导致青年期延长,"无处可去"的时间被延长,青年在学校的严格选拔中遭到失败

---

① Stuart Hall and Paddy Whannel, *The Popular Arts*, Boston: Beacon Press, 1967, p.283.
② Stuart Hall and Paddy Whannel, *The Popular Arts*, Boston: Beacon Press, 1967, p.278.

的受挫感也加重了。同时，五六十年代的英国社会转型期也暴露了大量让人困惑的社会征兆，青年亚文化在某种程度上是这种形势的真实反映，是对某些政治因素（核武器的威胁、政治同情、政治生活中的官僚作风等权力体制）的直接反映。霍尔把亚文化的生成与学校教育、英国的社会转型、政治运动和伦理革命直接联系起来，从而揭示了青年亚文化更复杂而深刻的社会动因。

正是在这里，霍尔完全超越了霍加特的文化怀旧主义，他既是作为青年亚文化的同情者，又是作为新左派知识分子在发言，赋予了青年亚文化鲜明的政治内涵和使命：

凭借这些以及其他途径，青年一代在超越深深植根于英国资产阶级道德的清教约束，朝向在我们看来更人性化、更文明的行为制度时，扮演了一种创造性的未成年人的先锋角色。在他们自己的亚文化中，许多青年人积极地参与，有一种这样的味道——它是面对经常迷乱的社会局势而产生的一种本能的、有生产力的反应。在这样的情形下，青年人的问题看起来特别重要，因为他们是作为一个整体的社会征候。①

---

① Stuart Hall and Paddy Whannel, *The Popular Arts*, Boston: Beacon Press, 1967, pp.273-274.

　　至此，我们可以看到，霍尔的《流行艺术》一书涉及了伯明翰学派文化理论的大部分话题，如怎样看待大众文化和媒介文化，亚文化的风格和抵抗，亚文化与认同危机的关系，亚文化和大众文化、商业文化的互动等。在这些问题上，霍加特与早期的霍尔所体现的文化观念的分歧是非常明显的。

　　不过，应该指出的是，尽管霍加特和早期的霍尔的文化观念存在着许多分歧，但这并没有妨碍他们在"文化研究"的大旗下携手合作。霍加特确实拥有一代宗师的雅量。1964年，在《流行艺术》一书出版的同年，霍加特没有顾忌霍尔与自己的学术分歧，而是慧眼识英雄，邀请 32 岁的霍尔加入 CCCS 担任主任助理，从而拉开了轰轰烈烈的文化研究的序幕。更为可贵的是，随着文化研究的展开，在与霍尔的合作和接触中，也随着文化研究的范式转换（文化主义和结构主义、葛兰西"领导权"思想的译介），霍加特本人的文化观念也有了很大的转变。比如，霍加特在 CCCS 第一份"年度报告"中列出了首先需要研究的七个项目，流行音乐、体育运动等大众文化和青年亚文化名列其中[1]，显示出他足够的学术胸怀。再如，霍加特在《当代文化研究方法》一文中

---

[1]　Centre For Contemporary Cultural Studies Annual Report: *First Report*, September 1964, pp.6-7.

指出：人们对大众文化所知甚微，值得学者深入研究。霍加特这里提到的大众文化，包括电影、电视、广播、通俗小说（侦探小说、西部小说、言情小说、科幻小说、推理小说）、新闻报刊、连环漫画、广告、流行音乐等，这些是他在《用途》一书中多次批评过的。更重要的是，他对大众文化的态度也发生了改变，认为大众文化有复杂的特质，如：大众文化很容易让人产生种种"错综复杂的感情"，"使你怀着痛苦的心情看到种种相似和相同的事情，使你突然想起富有挑逗性的言语，或者使你能够鼓起勇气或变得幽默，或者使你对大众化的艺术可以反映任何题材，甚至可以反映我们最隐秘的情感所采用的表现手法感到惊讶"[1]。在霍加特眼中，尽管大众文化有时属于粗俗不堪的艺术，但它是"有吸引力的，神秘的，而且是难以解释清楚的"。霍加特承认大部分通俗艺术是具有积极意义的，有令人"肃然起敬的时刻"。他的这种研究立场，显然与霍尔在《编码，解码》与《解构"大众"笔记》（1981）等重要论文中的观点有着暗合之处。不难看出，霍加特已超越先前的左派利维斯的立场，无愧于"文化研究之父"这一称号。

---

[1] 理查德·霍加特：《当代文化研究方法》，载张英进、于沛编：《现当代西方文艺社会学探索》，海峡文艺出版社 1987 年版，第 24 页。

## 研讨专题

1. 文化马克思主义和传统马克思主义相比有哪些不同？

2. 如何评价威廉斯的"文化唯物主义"？

3. 文化研究的文化观有什么特点？

4. 霍加特和霍尔的文化理论有何异同？

## 拓展研读

1. Richard Hoggart, *The Use of Literacy*, New Brunswick: Transation Publishers, 1998.

2. Stuart Hall and Paddy Whannel, *The Popular Arts*, Boston: Beacon Press, 1967.

3. [英] 雷蒙德·威廉斯：《马克思主义与文学》，王尔勃、周莉译，河南大学出版社 2008 年版。

4. [英] 雷蒙·威廉斯：《关键词：文化与社会的词汇》，刘建基译，生活·读书·新知三联书店 2005 年版。

5. [英] 约翰·斯道雷：《文化理论与大众文化导论（第七版）》，常江译，北京大学出版社 2019 年版。

6. [英] 斯图尔特·霍尔编：《表征：文化表象与意指实践》，徐亮、陆兴华译，商务印书馆 2003 年版。

7. [英] Chris Jenks：《文化》，王淑燕、陈光达、俞智敏译，巨流图书公司 1998 年版。

8. [英] 马修·阿诺德：《文化与无政府状态：政治与社

会批评》（修订译本），韩敏中译，生活·读书·新知三联书店 2008 年版。

9. 黄卓越:《重建"文化"的维度：文化研究三大话题》，人民出版社 2023 年版。

# 第三章

*/Chapter 3/*

# 亚文化

　　各种亚文化（subcultures），特别是青年亚文化，由于涉及边缘文化、弱势群体对主导文化和权力的反抗，涉及某一群体的越轨、偏差行为，常常成为社会的焦点和文化研究的重点。青年亚文化以创造性、多样性闻名，但同时也是最具矛盾性、异质性的领域，有着坚硬的外壳，拒绝敞开，难以接近。

　　各种亚文化有着大相径庭的风格，它们挑战准则，破坏规矩，既让人避之不及又令人跃跃欲试，似乎拥有着特殊的魅力。形形色色的亚文化给主导文化或主流文化带来了难以抵挡的冲击和活力，同时也造成了解读的困境。

第一节 ●
　　　　　 ●
亚文化究竟是什么 ●

　　亚文化研究已成为当代西方的一门显学，但亚文化究竟是什么？这依然是一个人言人殊的问题。

　　法国学者米歇尔·德·塞托（又译为"德赛都""德赛杜"）在评述那些擅长使用各种斗争策略和战术的普通人、无名者时，曾经用一种神秘而具有诗意的笔法这样写道：

　　　　这位匿名的英雄从远处而来。这是社会的窃窃私语。历来他都先于文本而存在，甚至不等待文本的出现。他嘲笑文本，却在文字的表现中得到进步。他一步一步地占据了科学舞台的中心。舞台的聚光灯舍弃了声名显赫的演员，转向聚集在边缘的配角人物，最后聚焦在公众身上。研究的社会学化与人类学化赋予了无名者和日常生活以特权，其中，变焦镜头勾勒出换喻的细节——为所有人准备的部分。那些昔日象征家庭、集团和秩序的代表逐渐从舞台上消失，然而，在名字的时代，它们曾统治着这舞台。①

塞托所说的这种从边缘走向舞台中心的"匿名英雄"，正是本章要讨论的亚文化，特别是当代青年亚文化。当这种"匿名英雄"突然出现在舞台中央时，人们很难马上看清他们，不容易确定他们的身份和地位，因此，他们也成为最值得关注和阐释的社会征候之一。

亚文化现象及其研究由来已久②，不过，亚文化这一术语的正式出现至今还不到一个世纪。从西方亚文化理论的历史来看，学科化的亚文化研究大致经历了三个阶段：第一个阶段是芝加哥学派和越轨社会学的亚文化研究（1920—1960），"亚文化"术语从 20 世纪 40 年代中期开始被正式使用。③ 第二个阶段是以伯明翰学派和"当代文化研究中心"

① 米歇尔·德·塞托：《日常生活实践 1. 实践的艺术》，方琳琳、黄春柳译，南京大学出版社 2009 年版，第 32 页。
② 据学者萨拉·桑顿等人的考证，早在 15 世纪，欧洲的人们就已经开始对下层和边缘社会群体等亚文化群体进行分析和研究，如在 15 世纪出版的"关于乞丐的读物"等书中对欧洲的乞丐和流浪者亚文化进行了描述，16 世纪以来，罪犯、乞丐、诈骗者所使用的"行话""下流话"辞典也相继问世，关于伦敦街道和犯罪阶层的访谈书籍也得以出版。参见 Ken Gelderand, Sarah Thornton, eds., *The Subcultures Reader*, London: Routledge, 1997, pp.373–374.
③ 据学者米尔顿·戈登（Milton Gordon）考证，1944 年在纽约出版的《社会学词典》还没有收录"亚文化"一词，但收录了一个很相近的词"culture-sub-area"，指"一个更大的文化地域中的一个次等部分或者亚分支"，强调了地域—物理的毗邻性。有人在 1946 年谈及焦虑症时偶然使用过"严密组织化的亚文化"（highly organized subculture）的说法，这里的"亚文化"与"人类的一部分"一词可以互换。参见 Milton M.Gordon, "The Concept of Sub-Culture and Its Application", in Ken Gelderand, Sarah Thornton, eds., *The Subcultures Reader*, London: Routledge, 1997, pp.41–43.

为代表的青年亚文化研究（1960—1980 年初），这也是迄今为止亚文化研究成果最为突出的时期。[①] 第三个阶段是后伯明翰时期，即 1980 年以来人们对亚文化理论的回应与反思。

在这三个阶段中，亚文化的形象和符号也在不断发生着变化。从芝加哥学派研究的歌厅舞女、流浪汉、移民、小偷、街头帮派、大麻吸食者、舞曲音乐人，到伯明翰学派研究的朋克、嬉皮士、无赖青年、光头仔、摩登族、牙买加小混混、摇滚派、足球流氓，到摇滚的一代、迷惘的一代、垮掉的一代、烂掉的一代，到后伯明翰时期的赛博朋克、嘻哈、涂鸦、跑酷、锐舞、文身、暴女、重金属、硬核、哥特、直刃族（straight edge）、Cosplay、游戏迷、御宅族、粉丝、耽美，再到中国的"文革"地下写作、知青亚文化、"今天"诗派、摇滚乐、恶搞文化、大话文艺、动漫迷、残酷青春写作、快闪族、字幕组、弹幕文化、火星文、杀马特、丧文化……形形色色的亚文化让人眼花缭乱，也带来了界定的困难。

---

[①]　"伯明翰帮"的研究生学位论文大多以亚文化为主题，如《流行音乐和青年文化群》（保罗·威利斯，博士论文，1972）、《重构青年文化》（约翰·克拉克，硕士论文，1974）、《20 世纪 60 年代越轨亚文化的风格问题》（迪克·赫伯迪格，硕士论文，1974）、《关于一种越轨社会学理论：以 1972—1973 年的抢劫为例》（托尼·杰斐逊，硕士论文，1974）、《工人阶级女孩与女性主义文化》（安吉拉·麦克卢比，硕士论文，1977）等等。

## 一、亚文化界定

鉴于亚文化这个词很多时候已经被用得太滥，几乎变成了一个描绘年轻人、风格和音乐的社会生活各个方面的"万能"词[1]，甚至有学者认为它已经成了"日常语言"，很难激起批判性思考，人们大可以放弃使用[2]，因此，有必要对亚文化术语进行操作性的界定并加以辨析。

不妨先看看几种有代表性的亚文化定义：

定义一。美国社会学者戴维·波普诺（David Popenoe）在《社会学》中这样界定亚文化："当一个社会的某一群体形成一种既包括主文化的某些特征，又包括一些其他群体所不具备的文化要素的生活方式时，这种群体文化被称为亚文化。""每一个复杂社会都包含着许多亚文化，社会成员常常是在一个以上的亚文化中发挥作用……这类亚文化大部分在代际之间发生变化，但几乎所有亚文化都体现出了青年对父母、教师和其他权威角色的反叛。"[3]

波普诺在这里强调了亚文化的一个关键特征——反叛性，同时也指出了亚文化和主文化之间既包容又背离的复杂

[1] Bennett, A. "Subcultures or Neo-Tribes? Rethinking the Relationship Between Youth, Style and Musical Taste", *Sociology*, 1999, 33(3): 599-617.

[2] Michael Clarke, "On the Concept of Sub-Culture", *British Journal of Sociology*, 1974, 25 (4): 428-441.

[3] 戴维·波普诺：《社会学（第十版）》，李强等译，中国人民大学出版社 1999 年版，第 78 页。

关系，不过，这个界定似乎有些宽泛，亚文化的独特性并没有展现出来，比如没有体现出亚文化的英文前缀"sub"所蕴含的特殊含义。

定义二。在青年亚文化的经典著作《通过仪式抵抗：战后英国的青年亚文化研究》（以下简称《仪式抵抗》）中，克拉克、霍尔等人这样界定"亚文化"："在现代社会，最基本的群体是社会阶级，并且在最基本虽然也是最间接的意义上说，最主要的文化结构也将是'阶级文化'，与这些文化—阶级结构相关，亚文化即一种亚系统——更大的文化网状系统中的这个或那个部分内的更小、更地方化、更具有差异性的结构。"[①] 这个定义突出了亚文化的"阶级性""地方性"和"差异性"，不过，和第一个定义类似，这个界定也不免有些含糊和疏漏，对亚文化的表现形式及其他特质没有给予必要的揭示。

定义三。文化研究学者约翰·费斯克（也译作约翰·菲斯克）等人在《关键概念：传播与文化研究辞典》中对亚文化有着这样的表述："正如前缀 sub 所示，亚文化是更广泛的文化内种种富有意味而别具一格的协商。它们同身处社会与历史大结构中的某些社会群体所遭际的特殊地位、暧昧状

---

① Stuart Hall, Tony Jefferson, eds., *Resistance through Rituals: Youth Subcultures in Post-War Britain*, London: Hutchinson, 1976, p.10.

态与具体矛盾相应。"① 相对而言，这个概念较为全面，它勾勒出了文化研究学者对"亚文化"的主要理解。

其一，亚文化具有"抵抗性"——"某些社会群体"遭遇到了某种特殊处境，与更广泛的文化（主导文化和父辈文化）发生了"具体矛盾"，具有异端、越轨的倾向。无论是出于被动还是主动，亚文化群体都倾向于向"主流"、支配性的或霸权文化发起某种抵抗；亚文化者"以共同的价值观或信仰为基础聚合在一起，拒绝、抵抗或偏离了主流文化普遍持有的东西"②。以亚文化的形态之一"字幕组"（fansub group）为例，他们出于爱好和兴趣，在没有获得版权的情况下，绕过双方政府和市场的限制，自发地将外国影视节目配上本国字幕在互联网上进行传播，创立并维持一个地下传播渠道。由于这些行动具有反抗的浪漫色彩，他们经常被指控侵权，被看成"海盗和叛逆者"。③

其二，亚文化具有"风格化"特征。亚文化的"抵抗"采取的不是激烈和极端的方式，而是较为温和的"协商"，主要体现在审美、休闲、消费、生活方式等方面，是"富有意味和不拘一格的"。比如，许多亚文化分享一些专业词

① 约翰·费斯克等编撰：《关键概念：传播与文化研究辞典（第二版）》，李彬译注，新华出版社 2004 年版，第 281 页。
② Arielle Greenberg, *Youth Subcultures: Exploring Underground America*, New York: Pearson-Longman, 2007, p.xvi.
③ 亨利·詹金斯：《文本盗猎者：电视粉丝与参与式文化》，郑熙青译，北京大学出版社 2016 年版，第 12 页。

语，拥有独特的共同的语言和符号，表明归属和内部知识，把自己标记为"内行"，与局外人区别开来，有着独特的风格，以此作为自我表达和集体反抗的手段。正如美国学者罗斯·海费勒（Ross Haenfle）所论述的那样：对于局外人来说，亚文化可能看起来是另类的、奇怪的、愚蠢的，是神秘而危险的，或者以上皆是。他们似乎形成了一个奇怪的小世界，有着秘密的符号、特殊的仪式、奇幻的风格和神秘的社会代码。[1]

其三，亚文化具有"边缘性"。与"更广泛的文化"相比，亚文化多处在边缘、角落、弱势的位置和"特殊地位"（如青少年、下层阶级、草根阶层、少数民族及土著、移民、女性、同性恋等），常常作为"局外人"出现，如伯明翰学派学者所说的那样："工人阶级亚文化从人数上看属于少数。"[2] "亚文化这个字眼充满了神秘费解的事物，它暗示着秘密、共济会誓约和'地下世界'。"[3]

在费斯克等人提出的概念的基础上，综合上述分析，可以对亚文化做一个简单的操作性界定：

---

[1] Ross Haenfle, *Subcultures: The Basics*, London: Routledge, 2014, p.2.

[2] Stuart Hall, Tony Jefferson, eds., *Resistance through Rituals: Youth Subcultures in Post-War Britain*, London: Hutchinson, 1976, p.14.

[3] Dick Hebdige, *Subculture: the Meaning of Style*, London: Methuen, 1979, p.4.

> 亚文化是通过风格化、另类的符号对主导文化
> 和支配性文化进行挑战的一种附属性文化方式，具
> 有抵抗性、风格性、边缘性。

由于大多数亚文化都与青年有关："虽然亚文化并不完全是年轻人的领域，但很多人都是年轻时就开始进行亚文化探索的。"[1] "'年轻'几乎已经成了亚文化的同义词了。"[2] 这里所说的亚文化，主要是指青年亚文化。

## 二、亚文化概念辨析

从文化学的角度看，亚文化与几种重要的文化形态特别是越轨行为、反文化既紧密相关，又相互区别，也容易引起混用和误解。这里有必要进行辨析。

### 1. 亚文化与越轨行为

亚文化与越轨行为有很多相似之处。亚文化的抵抗往往就是一种越轨或偏差（deviance）行为。很多社会学家都把越轨与亚文化放在一起加以论述。比如芝加哥学派的霍华

---

① Ross Haenfle, *Subcultures: The Basics*, London: Routledge, 2014, p.30.
② 安吉拉·默克罗比：《后现代主义与大众文化》，田晓菲译，中央编译出版社2000年版，第204页。

德·贝克尔（Howard Beeker）认为，越轨群体在彼此认同和对抗常规社会之中形成了亚文化："当有着同样越轨行为的人有机会发生交流时，他们能够就自己与其他社会成员对某些问题的分歧来形成一种他们自己的文化。……因为这些文化处于社会大环境之下却又独立于主流文化之外，所以它们通常被称为亚文化。"[①] 贝克尔的这一观点也代表了绝大多数越轨社会学家的看法。

越轨社会学（the sociology of deviance）是以越轨文化或越轨现象为研究对象的学科，在历史上和亚文化研究多有交集，最早研究亚文化的芝加哥学派和美国社会学家研究的对象就是芝加哥等地的帮派亚文化。根据越轨社会学的观点，越轨／偏差行为的认定是非常艰难的课题，学者们对越轨的解释有很多是互相对立的。因此有人认为：对偏差行为的研究可能是所有社会学课题中最"偏差"的行为，社会学家关于偏差行为概念层的分歧比其他任何课题都大。[②] 在公众心目中对偏差行为有着不同的理解。人们会根据自己心中的某种规范，对不同的人群和行为进行判定。在一种文化背景中"正常的"行为，到了另外一种文化背景中便可能会被贴上"越轨行为"的标签。这个调查也证明了越轨的含义之丰富、

① 霍华德·S. 贝克尔：《局外人：越轨的社会学研究》，张默雪译，南京大学出版社 2011 年版，第 67 页。
② 亚历克斯·梯尔：《越轨社会学（第 10 版）》，王海霞等译，中国人民大学出版社 2011 年版，第 4 页。

定义之艰难。正如我国学者认为的那样:"越轨最让人着迷的地方,正是它的暧昧、中性、混沌和不确定。""越轨是口大锅,什么都可以放在里面煮。我们每个人都围坐在这口锅的锅沿旁,时不时会吃上一口。"①

正是由于上述原因,美国学者道格拉斯(Jack D. Douglas)等人在给越轨下定义时,把亚文化界定为某种事物违反准则或价值观念的行为。② 这一界定和很多社会学家的观点是相似的。如美国社会学家艾伯特·科恩(Albert Cohen)认为:"越轨行为是一种违反规范性规则的行为。"③ 戴维·波普诺认为:"越轨未必就是坏的和不可接受的行为","可以将富有创造性天才的小说家、艺术家和作曲家等人称为'不遵从'或'越轨'","越轨并非总是自愿的","越轨行为虽不被赞同,却是一种普遍的文化现象"。④ 波普诺从反面证明了越轨的含混性和丰富性。福柯笔下的"游手好闲"的"漫游者"也属于越轨者,因为他们处于一种对秩序的偏离状态,而现代社会意识形态的固有观念是:"凡是有

---

① 皮艺军:《越轨》,北京大学出版社 2013 年版,自序第 3 页。

② 杰克·D. 道格拉斯、弗兰西斯·C. 瓦克斯勒:《越轨社会学概论》,张宁、朱欣民译,河北人民出版社 1987 年版,第 13 页。

③ 艾伯特·K. 科恩:《越轨与控制》,张文宏、李文译,昆明:云南人民出版社 1988 年版,第 19 页。

④ 戴维·波普诺:《社会学(第十版)》,李强等译,中国人民大学出版社 1999 年版,第 207—208 页。

劳动能力的穷人都必须在工作日干活。"① 也正是在这个意义上，有学者提出了这样的主张："'改革、开放、转型、转轨、解放、更新、发展、引进、改组、交流、向前看'，无一不是与越轨的内涵相对接。"②

道格拉斯、默顿（Robert Merton，1910—2003）、波普诺等学者关于"越轨"的定义，和以上亚文化的操作性定义其实已颇为接近了。它们最大的相似之处是都具有某种"抵抗"特质，都属于"违反准则或主流价值观念的文化或社会现象"。

同样，根据道格拉斯等人的界定，另一个经常和亚文化出现混淆的概念——帮派或团伙（gang）——也显现出与亚文化的差异。帮派文化和亚文化虽然有相似之处，比如都具有边缘性，都在破坏规则和规范，都有一整套"圈内人"才懂得的隐秘符号，但帮派组织主要由犯罪青年组成，多数有着严格而正式的组织结构、等级制度和纪律，往往被视为有组织的犯罪集团；亚文化群体可能也会犯错，但多数亚文化主义者基本上是守法的，至少不是目前的改革者想象中的民间恶魔，"虽然亚文化参与者偶尔会违法，但犯罪对其生存的影响较小"③。

---

① 米歇尔·福柯：《疯癫与文明》（修订译本），刘北成、杨远婴译，生活·读书·新知三联书店 2012 年版，第 53 页。
② 皮艺军：《越轨》，北京大学出版社 2013 年版，自序第 8 页。
③ Ross Haenfle, *Subcultures: The Basics*, London: Routledge, 2014, p.21.

## 2. 亚文化与反文化

对占据社会主导地位的主导文化（dominant culture）或支配文化（control culture）来说，亚文化、反文化（counterculture）都是另类的（alternative）和抵抗性的文化。反文化可以说是一种特殊的亚文化，但亚文化并不等同于反文化。

反文化是对主导文化采取的直接的、政治上的、革命性的激进对抗（如 1968 年巴黎五月风暴），可以说是亚文化的极端表现，是对主导文化的替代。反文化的目标更明确，更直接，更容易解读，直接对主流文化的中心因素如价值观、信仰、观念、风俗习惯等构成挑战。而亚文化往往只提供象征性的抵抗，与父辈文化（parent culture）之间存在着潜在的一致性和连续性。亚文化既是对主导文化的否定也是对其的补充，有时还盗用主导文化的符号形成自己的风格。并不是所有的亚文化者都从事政治，都是不服从的公民，都在积极挑战权威。霍尔等人曾以传统资产阶级为参照系，对工人阶级亚文化和资产阶级反文化的区别有过细致的比较①，从中可以发现：相对于主导文化（传统中产阶级文化），亚文化和反文化有一定的相似性，但区别也是明显的。亚文化和

---

① Stuart Hall, Tony Jefferson, eds., *Resistance through Rituals: Youth Subcultures in Post-War Britain*, London: Hutchinson, 1976, p.70.

反文化对主导文化的抵抗程度大不一样。反文化的目标更明确，更直接，更容易解读，反文化是主导文化领域中的一块"飞地"。如对工作的态度上，亚文化把工作和休闲分得很开，工作就是工作，休闲就是休闲，对主导文化的抵抗主要发生在休闲领域中；但反文化却彻底放弃了工作，把工作视为游戏，这就彻底颠覆了坚持"克己、守时、勤奋"的资本主义清教伦理。

不过，反文化和亚文化并非泾渭分明。在文化实践中，亚文化和反文化的差异并不明显，且多有重叠。如伯明翰学派有时把嬉皮士看作亚文化，有时也看作反文化，他们认为西方 20 世纪 60 年代的反文化运动如公社运动、暴力政治运动，是由一些特别的亚文化如嬉皮士运动、越轨亚文化、吸毒者亚文化、同性恋亚文化和学生抗议运动中的文化反叛元素发展而来的。[①] 再如，虽然摇滚乐只是一种音乐符号上的风格抵抗，属于亚文化，但由于摇滚乐现场往往会引发骚乱甚至流血事件，也可能发展为反文化，被官方视为潜在的威胁，引发社会上的道德恐慌，因此在很多地方摇滚乐演唱会要获得批准很艰难。在许多时候，摇滚杂志被停刊，摇滚乐队被禁演、被控告，甚至被驱逐出境，都是再平常不过的

---

① Stuart Hall, Tony Jefferson, eds., *Resistance through Rituals: Youth Subcultures in Post-War Britain*, London: Hutchinson, 1976, p.61.

事。所以，虽然有学者认为摇滚乐是"亚文化"，但也有人将摇滚乐看成"反文化"。①

---

① Stuart Hall, Tony Jefferson, eds., *Resistance through Rituals: Youth Subcultures in Post-War Britain*, London: Hutchinson, 1976, p.61. 弥尔顿·英格：《反文化：乱世的希望和危险》，高丙中、张林译，桂冠图书有限公司 1995 年版，第 6 页。丹尼尔·贝尔：《资本主义文化矛盾》，赵一凡、蒲隆、任晓晋译，生活·读书·新知三联书店 1989 年版，第 37 页。

## 第二节
## 为什么会出现亚文化

　　形形色色的亚文化为何产生？人们为什么会加入亚文化群体？如何看待亚文化群体的动机、信仰和做法？这些都是研究亚文化无法绕过的基本问题。

　　在一些学者的论述中，亚文化似乎和一些特定的社会阶层（工人阶级、底层人群）、性别（男性）、年龄（青年）、种族（移民、少数民族）和犯罪活动（从事犯罪活动）密切相连。不过，亚文化的形象不是单一的，每一类群体都有可能出现亚文化，成为亚文化抵抗的场域和空间。正如海费勒所指出的那样，亚文化是跨文化的，它涵盖了所有人口学的类别：种族，阶级和性别等各种身份。[①]

　　在研究越轨／偏差行为和亚文化的成因时，越轨社会学和文化研究的学者提出了诸多阐释模式和研究范式，对亚文化与人类社会生活的关系的研究有着不同的假设和角度：有人主要考察宏观的社会制度结构，有人更关心微观群体的互

---

① Ross Haenfle, *Subcultures: The Basics*, London: Routledge, 2014, pp.2-3.

动，有人认为秩序与稳定更重要，有人认为冲突与变迁最关键。这些假设和角度决定了亚文化研究的不同理论取向，也限定了学者解释亚文化行为的方式。在亚文化研究领域中，有三种范式或理论视角曾经占据过主导地位，分别是：功能主义理论、冲突理论、符号互动论。

## 一、功能主义理论的视角

功能主义（structural functionalism，有时也称"结构功能主义"）理论的视角强调这样一种模式，即社会的每一个部分都对总体产生作用，由此维持了社会稳定。根据这种观点，社会非常像人类的肌体或任何活的有机体，像身体的各个部分（比如四肢、心脏、大脑）一样，社会的结构（比如家庭、商业机构、政府）以系统的方式结合在一起，对整体发挥着好的作用。与生物有机体一样，一个社会要想得以延续就必须满足自身的基本需要，每一部分都要协调地发挥作用，帮助系统维持平衡状态，这样系统才能平稳运转。功能主义可以溯源到早期社会学理论学家如奥古斯特·孔德、赫伯特·斯宾塞、埃米尔·迪尔凯姆的著作。它既是文化人类学也是社会学的重要理论视角。①

① 戴维·波普诺：《社会学（第十版）》，李强等译，中国人民大学出版社 1999 年版，第 18 页。

　　从功能主义理论取向出发，西方学者提出了很多关于越轨和亚文化成因的设想。属于功能主义的亚文化理论或概念主要有涂尔干（又译为"迪尔凯姆"）和默顿的失范—压力理论、托马斯（I. W. Thomas）和帕克（Robert E. Park）的社会解体理论、伯吉斯（E. W. Burgess）的同心圆模型、艾伯特·科恩的身份—受挫理论（"问题解决"理论）、伯明翰学派的仪式抵抗理论等。他们认为，缺乏机会、失学、贫穷、破碎的家庭、失落的社区、高离婚率、快速迁移和城市化引发的社会混乱都会导致越轨和亚文化的出现。如果某种需求不能得到满足，如果社会中个人和群体的抱负与可获得的报酬不符，这种需求和满足之间的差距也会使一些社会成员产生越轨的动机。

　　功能主义理论取向所反映的社会观本质上是保守的，它强调秩序、稳定和共识，强调共享价值观。有学者指出：功能主义特别适合研究稳定的、小规模的社会，如太平洋群岛上的孤立的社区或美国中西部的小城镇。它有助于我们去理解，在这样的社区中，人们如何形成有秩序的生活，从而表现出强大的合作精神和高度的团结。除非来自外部的因素破坏了平衡，否则在这样的背景下，生活和文化将会一直持续。①

---

① 　戴维·波普诺:《社会学（第十版）》，李强等译，中国人民大学出版社 1999 年版，第 18 页。

## 二、冲突理论的视角

和功能主义理论强调稳定的重要性不同，冲突理论（conflict theory）强调的是：人们因有限的资源、权力和声望而发生的斗争是永恒的社会现象，也是社会变迁的主要源泉。这种视角对功能主义理论提出了批评：功能主义理论在研究稳定的社会时也许是十分有用的，但社会生活并不总是平静的，世界上有很多地方被卷入战争、叛乱和革命之中。冲突理论认为：社会在飞速变迁，冲突不是例外而是规律。与生物体不同，社会的各个部分并不总是为整体利益而通力合作的，社会中的某些组成部分总是处于冲突之中，某些部分的获利则是以其他部分的利益受损为代价的。秩序的形成只是社会各部分不断发生的冲突的一种结果。①

冲突理论的代表是马克思主义社会学。马克思主义学者强调的是阶级冲突和社会中经济力量的重要性，而不是功能主义者所强调的共享的文化价值观。这一学说认为：工人阶级（即无产阶级）与生产资料和生产工具的所有者（即资产阶级）之间的冲突是不可避免的。根据马克思主义学说，越轨行为和亚文化现象的诱因可以追溯到资本主义的剥削本

---

① 戴维·波普诺：《社会学（第十版）》，李强等译，中国人民大学出版社 1999 年版，第 18 页。

质。为了增加利润，资本家不可避免地会造成一些劳动力过剩人口，即在经济上相对过剩或无用的人口，他们在无力维持体面生活的条件下被迫走上犯罪道路。经济的边缘化导致了自尊的相对缺乏以及某种程度上的无权和异化，这些又对个人造成巨大的压力。许多人转而以暴力发泄其受挫感，通过罢工来反抗权贵，而另一些人将挫折感深藏心底，经历着严重的情感磨难。资本主义压迫导致人们去犯罪，并且首先把他们变成穷光蛋，而后迫使其变成越轨者。除了贫穷，"强迫控制"（威胁解雇工人或真正解雇工人）也会诱发怨恨情绪，让工人缺乏对社会的依附感，从而导致越轨和亚文化现象。①

以西方马克思主义者和新左派知识分子为主体的伯明翰学派在进行青年亚文化研究时，充分借鉴了冲突理论的观点。伯明翰学派认为，英国"二战"后的青年亚文化多源于工人阶级的文化空间和经济利益被剥夺后发生的冲突。美国学者斯科特（James C. Scott）在《弱者的武器》一书中，也曾经以东南亚的农民为例，分析了当地农民的一些反抗行为，这些行为大体上也属于亚文化。② 这些行为有装傻卖呆、装糊涂、偷懒、开小差、假装顺从、诽谤以及"快闪""恶

---

① 亚历克斯·梯尔：《越轨社会学（第10版）》，中国人民大学出版社2011年版，第28页。
② 詹姆斯·C.斯科特：《弱者的武器》，郑广怀、张敏、何江穗译，译林出版社2007年版，前言第1—5页。

搞"等，是普通大众避免直接对抗权力者的反抗形式，是普通劳动者与榨取他们的劳动、食物、税收、租金等的利益者之间的持续不断的斗争的方式，是普通青年与权力阶层、利益集团之间持续不断的斗争和参与公共生活的方式。因为公开的政治活动代价太高，大众可以用亚文化这种"弱者的武器"来参与公共生活，在日常生活中进行"隐蔽"的微观的反抗，从而让底层参与政治的危险性降到最低值。斯科特的这种理论，可以说是冲突理论的变体：冲突是不可避免的，但可以选择最安全的冲突形式。

除了阶级冲突，冲突理论还研究文化冲突和社会冲突。在多元化、异质性的社会语境下，越轨和亚文化出现的原因更多的不是社会解体，而是不同群体在文化、代际、价值观上冲突的后果。

## 三、符号互动论的视角

功能主义理论和冲突理论关注的多是大规模的宏观社会结构，与它们不同的是，符号互动论（symbolic interactionism）更关注社会的微观互动方面——社会互动和作为社会存在的个人，因此也被称为"微观社会学"。

符号互动论研究的是人们在日常生活中是如何交往的，他们又是如何使这种交往产生实质性意义的。符号互动论者认为人们具有的行动自由比持功能主义者、冲突论的学者认为的要多。符号互动论者强调人们总是处在创造、改变他们的生活世界的过程之中。[①]

符号互动论理论是美国社会学的一个重要学术流派。乔治·米德（George Mead）通常被认为是符号互动论的奠基人，芝加哥学派的社会学家罗伯特·帕克、赫伯特·布鲁默（Herbert Blumer）、埃弗里特·休斯（Everett Hughes）、欧文·戈夫曼（Erving Goffman）和霍华德·贝克尔等人将其发扬光大。符号互动论是很多领域如社区、种族、阶级、工作、家庭以及艺术、科学和越轨社会学的民族志研究的基础。[②]从这一视角出发，越轨和亚文化不被看成社会解体或社会冲突的后果，而被视为社会互动和情境的产物，是被建构出来的。亚文化理论中的经典理论，如贝克尔的标签理论、戈夫曼的拟剧理论、斯坦利·科恩（Stanley Cohen）的"道德恐慌"理论都属于符号互动论。

以贝克尔为例，他考察了美国对吸食大麻的"合法"与"非法"的判定过程和舞厅音乐人（dance musician）的亚文化。他提出：世上并无亚文化"越轨行为"，是先有"标签"，然后才有了亚文化；越轨者和异常行为是强有力的社

---

[①] 戴维·波普诺:《社会学（第十版）》，李强等译，中国人民大学出版社1999年版，第19页。
[②] Howard S. Becker, Michal M. McCall, eds., *Symbolic Interaction and Cultural Studies*, Chicago: The University of Chicago Press, 1990, p.4.

会控制机构给少数弱势群体贴上"越轨"的标签而"创造"出来的。越轨是被社会创造出来的，这是越轨的核心内涵。[①]

不过，需要指出的是，在亚文化研究的发展史上，一些重要的学派在研究亚文化的时候同时使用多种亚文化理论，比如芝加哥学派既是功能主义理论的倡导者，也是符号互动论的开创者。伯明翰学派同时使用了功能主义理论、冲突理论和符号互动论。他们提出亚文化是解决社会问题的尝试，是解决社会矛盾的尝试，这一观点显然来自功能主义理论，但也不乏冲突理论的因素。在具体的研究过程中，他们对标签理论也颇有好感，甚至认为贝克尔的《局外人：越轨的社会学研究》是他们的研究起点。[②] 功能主义理论、冲突理论、符号互动论这三种视角所显示的差异性并不是起源于矛盾或对抗，而是一种相得益彰的关系，在进行亚文化的具体研究时，可以根据不同语境分别借鉴，也可以同时使用。

① 霍华德·S. 贝克尔：《局外人：越轨的社会学研究》，张默雪译，南京大学出版社 2011 年版，第 8 页。
② Stuart Hall, Tony Jefferson, eds., *Resistance through Rituals: Youth Subcultures in Post-War Britain*, London: Hutchinson, 1976, Introduction.

第三节 •
亚文化与现代性 •

　　亚文化现象自古有之，一些亚文化群体，如帮派、行会、宗教派别或集团等在中西方都有很悠久的历史，但亚文化显然与现代世界有着更密切的关系。正如罗斯·海费勒所观察到的那样：我们现在所熟悉的亚文化大多数出现在20世纪，特别是"二战"后，亚文化活动出现了爆炸式的增长。[①]

　　海费勒所说的这种现象，在西方很多国家都可以找到例证，英国就是一个明显的例子。对英国来说，20世纪60年代是一个意味深长的年代。一方面，"二战"后英国资本主义空前繁盛，率先建立了号称"从婴儿到坟墓"的福利体系，社会贫困现象大大减少，英国和其他主要资本主义国家一道进入了资本主义历史上的"黄金时代"（1945—1975年前后）。1957年，英国首相迈克米伦踌躇满志地说："人们

---

① Ross Haenfle, *Subcultures: the Basics*, London: Routledge, 2014, p.28.

从未生活得如此美好。"① 这句话很快风行英伦三岛，为舆论津津乐道。然而，另一方面，20 世纪 60 年代也是一个反叛的年代、一个激情飞扬的年代，与诸多反叛英雄和直接改变、影响当代世界的文化运动紧密相连。与欧陆和美国隔海相望的英国并没有置身事外，反战运动和抗议种族主义的运动屡有发生。不过，和其他西方国家相比，英国在 20 世纪 60 年代中的学生运动和反文化运动的势头较弱，英国革命左派和反正统文化的表现也并不突出，也从来没有出现过类似 1968 年的巴黎五月风暴、芝加哥民主会议、哥伦比亚大学的抗议或布拉格之春等事件。有学者认为："在西欧各国的学生运动中，英国的抗议运动的规模最小，国内政治生活基本没有受到影响，因为滋生反抗的土壤在英国最为贫瘠。"②

但是，伴随着英国当时的激进文化思潮（新左派、先锋艺术家、摇滚音乐人、革命戏剧团体、地下诗人以及无政府主义者），20 世纪 60 年代英国的青年文化也有其特别之处，即青年亚文化现象非常盛行。当时，英国的许多地方，特别是传统的英国工人阶级社区（如伦敦东区）兴起了形色各异、离经叛道的青年亚文化，如无赖青年（teddy

---

① Paul Bridgen, Rodney Lowe, *Wellfare Policy under the Conservatives 1951–1964*, London: London Public Record Office, 1998, p.153. W. N. 梅德利科特：《英国现代史（1914—1964）》，张毓文、刘礼生、宁静译，商务印书馆 1990 年版，第 600 页。
② 许平、朱晓罕：《一场改变了一切的虚假革命——20 世纪 60 年代西方学生运动》，上海人民出版社 2004 年版，第 144 页。

boys）、嬉皮士（hippies）、牙买加小混混（rudd boys）、摩登族（mods）、摇滚派（rockers）、足球流氓（hooligans）、光头仔（skinheads）、朋克（punks）等。一些工人阶级子弟和少数资产阶级青年在音乐形式、时装风格、休闲活动、舞蹈和语言上显现出种种惊世骇俗之举，为自己争夺文化空间。他们或改装了英国贵族服装，或盗用了美国大众文化的符号，迷恋摇滚乐，在街头涂鸦，在足球场闹事，和学校当局抗衡，殴打同性恋者，攻击外来移民，对巴基斯坦移民施暴……各种离经叛道的青年亚文化对主流社会形成了强烈的冲击，击破了官方宣称的"共识、富裕和资产阶级化"三位一体的神话。

亚文化为何会如此密集地出现在当代西方国家？如何看待亚文化与现代世界的关系？对此英美学者有过很多解释。海费勒曾经以自己的亲身经历讨论过这个问题。在海费勒的分析里，亚文化的出现受到了生产方式、生活方式、娱乐、大众传媒、社区环境、交通工具的影响。但是，随着社会的变迁，一个彻底改变社会的时代降临了，巨大的社会转型出现了：增加民主，注重人权，增加个人主义，科学理性规划取代宗教，以及人民群众从农村到城市的流动，每一次加速的步伐和更深的变化"都促进了亚文化的出现和发展"，多元文化的城市出现了。①"对于亚文化的出现也许众说纷纭。我们会认为：它们是更大的社会分裂的一部分，是一种把过去变成虚无的拼贴的循环。"②海费勒所概括的"增加民主"和"分裂"等因素，都与现代性的出现有着直接的关系。海费勒也直接引用了现代性理论大师吉登斯在《现代性与自我认同》中提出的观点，认为这主要是因为现代化带来了从未有过的自由，使得人们扮演包括亚文化在内的各种角色成为可能：最普遍的现代化为人们提供了更多的空间来体验各种身份。

## 一、现代性与自由

在借鉴了吉登斯的观点的基础上，海费勒将现代性的出现看作亚文化大量出现的一个基本条件，他认为：出生于中世纪欧洲的农奴的身份及其生活或多或少被他的社会地位所禁锢，印度的种姓制度也没有足够的社会流动空间，宗教狭隘和政治规则使得人们知道自己的"地位"，但现代人的身份受到的约束要少很多，不太受到出生家庭、社区和社会的限定，不再受到稳定的社会角色的影响。与过去相比，当代

①　Ross Haenfle, *Subcultures: The Basics*, London: Routledge, 2014, p.28.
②　Ross Haenfle, *Subcultures: The Basics*, London: Routledge, 2014, p.31.

生活（特别是在富裕国家里）是流动的。人们改变了工作、宗教、家庭、民族、丈夫／妻子、生活方式和政治观念，我们更自由地"发明"了自己。在某种意义上，我们是谁，我们成为什么，完全要依靠我们自己。[1] 这就是说，现代性对人们的生活和工作空间的巨大影响导致了人们的社会角色不再稳定，这为亚文化的大量出现提供了前提条件。

海费勒的这一论点可以结合吉登斯对现代性的后果的结论加以分析。根据吉登斯的观点，现代性的动力或结果有三个部分：脱域（disembedding）、时空分离和反思特性。[2] 在吉登斯看来，现代社会发展出现了断裂，其特点有三个：首先是现代性出现的时代产生了一种绝对速度，变迁的程度更加神速，在技术方面表现得最为明显；其次是断裂的变迁范围非常宽广，社会巨变的浪潮席卷了地球的整个层面；最后是现代制度具有固有特性，某些现代社会的组织形式并不能简单地从此前的历史时期里找得到，与以前的社会秩序存在一种似是而非的延续性，如城市不仅仅是旧城区的扩展而已，现代的城市中心几乎完全不同于旧有的前现代的城市。[3]

① Ross Haenfle, *Subcultures: The Basics*, London: Routledge, 2014, pp.28-29.
② 安东尼·吉登斯：《现代性的后果》，田禾译，译林出版社 2011 年版，第 46—47 页。
③ 安东尼·吉登斯：《现代性的后果》，田禾译，译林出版社 2011 年版，第 6 页。

吉登斯认为，现代社会发生这样的断裂之后，其影响是极其重大的：

> 现代性以前所未有的方式，把我们抛离了所有类型的社会秩序的轨道，从而形成了其生活形态。在外延和内涵两方面，现代性卷入的变革比过往时代的绝大多数变迁特性都更加意义深远。在外延方面，它们确立了跨越全球的社会联系方式；在内涵方面，它们正在改变我们日常生活中最熟悉和最带个人色彩的领域……过去三至四个世纪（历史长河中的一瞬间！）以来出现的巨大转变如此剧烈，其影响又是如此广泛而深远……①

在吉登斯看来，现代性的后果是双重的：它不仅带来了数不胜数的享受安全和有成就的生活机会，也带来了阴暗面，如大规模毁灭物质环境、政治权力的强化行使、战争工业化带来的核武器威胁和军事冲突等。现代性也不一定会导向一种更幸福更安全的社会秩序。②在现代性的条件下，时间—空间延伸的程度比即使是最发达的农业文明也要高得

---

① 安东尼·吉登斯：《现代性的后果》，田禾译，译林出版社 2011 年版，第 4 页。
② 安东尼·吉登斯：《现代性的后果》，田禾译，译林出版社 2011 年版，第 6 页，第 8 页。

多，同时也导致了社会体系的脱域，把空间从地点分离了出来，冲破地方习俗与实践的限制，开启了变迁的多种可能性。①

吉登斯所谓"脱域"，指的是社会关系从彼此互动的地域性关联中，从对不确定的时间的无限穿越而被重构的关联中"脱离出来"，象征标志（媒介、货币等）产生，专家系统（专业人士）建立。②脱域机制的发展使社会行动得以从地域化情境中"提取出来"，并跨越广阔的时间—空间距离去重新组织社会关系。③吉登斯曾经用一种诗意的语言描绘脱域之后的社会生活：生活在现代世界，犹如置身于朝向四方疾驰狂奔的不可驾驭的力量之中，而不像处于一辆被小心翼翼控制并熟练地驾驶着的小车之中。脱域机制，通过将社会关系从它们所处的特殊的地域"情境"中提取出来，使得这种时—空延伸成为可能。④在吉登斯看来，时空的延展和脱域的出现，使得青年人有机会脱离原有的社会位置，从而使其发现和扮演亚文化角色成为可能。

这里，我们不妨再进一步了解法国学者伊夫·瓦岱（Yves Vade）关于现代性的论述，将其与吉登斯的观点结合

---

① 安东尼·吉登斯：《现代性的后果》，田禾译，译林出版社 2011 年版，第 12 页，第 14 页，第 17 页。
② 安东尼·吉登斯：《现代性的后果》，田禾译，译林出版社 2011 年版，第 18 页，第 19 页，第 24 页。
③ 安东尼·吉登斯：《现代性的后果》，田禾译，译林出版社 2011 年版，第 46 页。
④ 安东尼·吉登斯：《现代性的后果》，田禾译，译林出版社 2011 年版，第 47 页。

起来分析，这样可能会更便于理解海费勒将亚文化与现代性理论联系起来的立场。

根据瓦岱的观点，现代性可以被定义为那种其主要特征与传统文化特征相对立的文化状态。[①] 该词可以表示某个特定的历史时期，大约起始于文艺复兴时期，但它主要不是一个时间概念。现代性的到来意味着人类社会的时空绝对基准点的消失，这与一整套表现方式和价值观念的解体紧密相关。瓦岱赞同乔治·巴塔耶（Georges Bataille）对现代性的界定，即将现代性定义为"运动加上不确定性"，认为这一定义"精辟而贴切"。[②]

在瓦岱看来，现代性出现之后，传统社会中既存在于空间也存在于时间中的绝对基准点就消失了。传统社会是从质量的意义上去理解空间的，上下左右构成了空间中符合极点对立规则的结构，这些规则以无比精确的方式组织安排着整个自然、人类和超自然世界的运作。在新旧世界的很大一部分传统文化中，方位基点为人们摆脱混沌无边的现实、生活在一个井然有序的世界中提供了一个方位参照体系。轴线相交的中心点相当于圣地所处的位置，对立点在这里消失了，不同方位的价值在这里融为一体。宗教、政治活动和文化所

---

① 伊夫·瓦岱：《文学与现代性》，田庆生译，北京大学出版社 2001 年版，第 25 页。
② 伊夫·瓦岱：《文学与现代性》，田庆生译，北京大学出版社 2001 年版，第 28 页。

依赖的所有那些被神圣化了的"中心"就属于这种情况。时间也具有类似的定位特点和功能，其表现是它的二至点，它的黄道带轮。一个绝对的起点（神的创造或复杂的宇宙起源论）和一个以世界末日或最后的"审判"为形式的终点使人们不会感到自己陷入一种空洞的永恒之中，即便周期的反复被人们理解为永恒或无限的活动。现代性要摆脱这些绝对的定位标记，伽利略力学中的空间失去了原来的不同特质，变成了同质的、各向同性的空间，上帝创造世界和世界末日的概念不再为人们所理解。那些对传统文化来说起着建立世界秩序作用的自然基准参照点失去了它们的神话意义，宗教曾提供给群体的那些超自然基准点变成了个人信仰的事情。①

和吉登斯类似，瓦岱也认为现代性主要带来了两方面的后果：

一方面，现代性意味着运动、变迁甚至迷失，同时也带来了自由。没有任何一个社会曾经历过那种"无止境的流动潮流"，资本主义经济和科学知识的规模巨大的积累过程推动了这个潮流的前进，这个潮流的特征是不断地追求创新。空间和时间上的宇宙定位基准的消失（或者说它们远离了人类群体的接受范围）使这种潮流失去了任何确定的发展方

---

① 伊夫·瓦岱：《文学与现代性》，田庆生译，北京大学出版社 2001 年版，第 25—27 页。

向。当代基准点的缺失，或者说迷失方向，表明了这个世界中过去的固定基点失去了所有意义，人类已经迷失了方向。现代性摆脱了传统文化强加给人们的信条和集体信仰，人们常常用尼采的这句话——"上帝死了"——来表达这种感觉。这种断裂引起人们的困扰、失落、不安或迷失感，但它也是自由的保证，人们得到了最大限度的思想自由。这是一种与教条的脱离，也是与一切强加给人们的美学定式的脱离（无论这是件好事还是坏事），与一切古老的法规和习俗的脱离。无疑，这是艺术家在文化历史上第一次有可能自由地发挥他们的创造性，尽管他们要为此承担风险。①

另一方面，瓦岱认为"现代性"是不确定的，它既与进步意识形态相联系，也具有危机性。"现代性"既是"理性在历史中崭露头角的表现"，同时也是"理智在历史中出现危机的征兆"。现代历史意识不断受到质疑，受到挑战；它既受到"再次落入周而复始的时代低谷的危险"的威胁，又受到永无止境的变化浪潮的催赶，它在相互矛盾的不同认识论规范之间、在偶然性和规范性之间、在进步和衰落之间左右为难，无所适从；"现代性"自身矛盾重重，令人目迷五色，我们只能透过这些矛盾去领悟。②

---

① 伊夫·瓦岱：《文学与现代性》，田庆生译，北京大学出版社 2001 年版，第 28—30 页。
② 伊夫·瓦岱：《文学与现代性》，田庆生译，北京大学出版社 2001 年版，第 34 页。

　　结合吉登斯和瓦岱的论述，我们可以看出，海费勒将现代性与亚文化联系起来，是非常有见地的。亚文化自古就有，但只有到了传统的时空观念发生断裂之后，人类的整体生活方式和观念发生巨大变迁之后，亚文化才大量出现。也由于现代性是不确定的、复杂的、矛盾的，亚文化也具有非常复杂的特征。也正是因为亚文化与现代性之间的复杂关系，海费勒把亚文化的崛起与20世纪60年代的文化运动紧紧地联系起来，他说："由于社会力量更为强大，后现代性的变化不仅仅是'发生'，而且越来越多的人开始有意地质疑和挑战现状。"20世纪60年代提供了一个广泛的青年反文化的背景，促进了"广泛批评或拒绝文化要求——符合性、消费主义、性习俗、性别角色、宗教教义"，与"新时代"运动相关的自我探索和精神追求变得更加可以接受。同时，随着反战和其他社会运动的升级，学生和其他年轻人也从伦敦涌向墨西哥城和巴黎进行抗议，少数群体要求保障其政治权利，同时也强烈要求保障他们的基本权利。"同志骄傲"（gay pride）、"黑人权力"和"妇女解放"为越来越多的"越轨"亚文化铺平了道路。在现代世界，日常生活是一个文化的战场，为我们集体和个人而奋斗，为自决而奋斗，这种奋斗采取的形式是反文化、新的社会运动和亚文化。[1]这一判断是

---

[1]　Ross Haenfle, *Subcultures: The Basics*, London: Routledge, 2014, p.30.

岁）和亚文化的关系：

　　当技术进展在早期学校生活与年轻人最后确定专业工作之间占据越来越多的时间时，青年期就变成了一个甚至更为显著和更具意识的时期，往往在某些时期的文化中，几乎成了儿童期与成人期之间的一种生活方式。因此，在学校生活后期，年轻人由于为生殖器成熟的生理发展而困扰，以及未来成人角色的尚未确定，于是便醉心于时尚的追求，似乎想建立一个青年亚文化群体，把实际上才开始的认同形成，视为最终的而不是暂时性的了……在他们寻求新的连续感和一致感的过程中，包括性的成熟在内，有的青年在选定永久的崇拜人物和理想作为最后认同的指导者之前，还必须再度努力对付早年的尚未解决的危机。总之，他们需要一个合法延缓期，用来整合在此之前的儿童期的认同各成分。[①]

埃里克森在这里提到了三个重要概念：

第一个是"认同"。认同是"个人独特性的意识感"，或

---

① 埃里克·H. 埃里克森：《同一性：青少年与危机》，孙名之译，浙江教育出版社1998 年版，第 176—200 页。

是"经验连续性的潜意识追求""集体理想一致"，简言之就是人对自我身份的确认，发现身上的"连续感和一致性"，回答"我是谁""立于何处""何去何从"等问题。认同可以细分为个人认同、集体认同、社会认同、文化认同、性别认同等。沃伦·基德（Warren Kidd）对此有过精彩的比较：如果文化是作为一个群体的成员如何行事，那么"认同"则涉及我们作为人如何看待自己，如何看待周围的其他人，我们认为其他人如何看待我们。认同意味着"确定或了解""我是谁""我们是谁"。"文化与认同经常联系在一起，但它们不能被看作完全相同。文化经常建立起我们的认同感或认同，社会学家通常把它们分离，他们用文化表示宏大的模式，认同表示作为我们个人所拥有的、更小的、更微观的意义。"① "个人认同"也是一种社会认同，因为它是在和他人的社会交往中创造出来的，但"个人认同"偏重指示每一个社会行动以他（她）的立场上所持的个人的独特感受。"社会认同"是一种属于群体的集体感受，一种人们把自己确认为群体中的与其他人相似的或有共同性的共同感受。"文化认同"是一种属于独特的种族、文化或亚文化群体的感受，"知道我们是谁"包括相似性与差异性。社会认同对社会是

---

① Warren Kidd, *Culture and Identity*, New York: Palagrave, 2002, p.7.

如此重要，以至于社会生活没有它是不可想象的。① 在许多文学文本中，一旦人物面临"认同危机"，其命运就会发生最惊心动魄的转折。

埃里克森认为，"认同"应该"被视为青春期自我的最重要的成就"，"在人类生存的社会丛林中，没有认同感也就没有生存感"。青少年的认同危机出于对尚未确定的未来成人角色的迷茫，"本阶段的疏远是认同混乱"。"目前我们只采用阿瑟·米勒的《推销员之死》一书中毕夫的一句口头禅：'我恰恰不能掌握。妈妈，我掌握不了某种生活。'"②

有认同危机的出现，人们就会渴望认同危机的解决。亨利·詹金斯（Henry Jenkins）在论述媒体粉丝找到群体的欣喜后，曾经讨论过认同危机解决之后的情形：以粉丝的身份发言，是以一个群体集合的身份发声；与品味受人鄙视的社群结成同盟后，这种行为便不能被视作全然的背离常理或异想天开。事实上，新粉丝最典型的评论，是惊喜于居然有这么多人和他们一样，喜欢同一部电视剧，惊喜地发现自己不是"孤独一人"。③

第二个重要概念是"合法延缓期"。"合法延缓期"指

---

① Warren Kidd, *Culture and Identity*, New York: Palagrave, 2002, p.25.
② 埃里克·H. 埃里克森：《同一性：青少年与危机》，孙名之译，浙江教育出版社1998年版，第198—200页。
③ 亨利·詹金斯：《文本盗猎者：电视粉丝与参与式文化》，郑熙青译，北京大学出版社2016年版，第22页。

的是"允许还没有准备好承担义务的人有一段拖延的时期，或者强迫某些人给予自己一些时间"。也就是"对成人承担义务的延缓，然而又不仅仅是一种延缓"。合法延缓期是一个允许青年人暂时不承担自己的社会责任的时期，是一个容错的时期。"合法延缓期可以是一个偷马和幻想探索的时期，是一个四处漫游或'开发西部'的时期，是一个'失去青春'或学术生活的时期，是一个自我牺牲或恶作剧的时期——而在今天，往往是一个生病和犯罪的时期。""但是合法延缓期并不一定要有意识地体验到。相反，年轻人可以有深刻的责任感，只是到很久以后才知道他如此认真对待的只不过是一个过渡时期。许多'改正了的'少年犯罪者对于已成为过去的'愚蠢行为'感到十分疏远。"①这一概念的提出，为亚文化在青春期的密集出现提供了重要的心理依据。

第三个概念是"亚文化群"。当技术发展要求青年人在学校里停留的时间增多的时候，合法延缓期也相应加长了，尚未解决的认同危机也增加了，这时青年亚文化群就出现了："一代一代的青少年，因无力承受美国青年期的无情标准所强加的角色而感到不知所措，他们试图用各种方式离开：退学、离开工作、整夜在外逗留，或陷入古怪而难以接

① 埃里克·H.埃里克森:《同一性:青少年与危机》,孙名之译,浙江教育出版社1998年版,第143—150页。

近的心境之中。"他们渴望做出自由的选择，在热烈地寻求可以信仰的人、观念和偶像，将其作为认同的指导。青少年聚集在一起，对团体和群众中的英雄人物暂时求取过分认同，醉心于对时尚的追求。为了体现认同并防御认同感的丧失，他们在服装、音乐中制造出了各种风格，"他们可以以诸如肤色、文化背景、爱好和天资的各种'差异'，甚至以任意选取的服饰和姿势的微小差异作为'圈内人'和'圈外人'的标志。重要的是在原则上（并不意味着一切表现都可以抵消）应当知道这种不容忍性可以是对同一性丧失感的一种必要的防御。这在人生的某些时候是难以避免的……青年们不但可以结成小集团以使他们自己、他们的理想和他们的敌人保持一成不变，互相帮助以期度过这些困难，而且可以坚持检验彼此的能力，以求在不可避免的冲突中维持他们的忠诚。"[1] 埃里克森在这里把亚文化群体和亚文化风格的产生看成"对同一性丧失感的一种必要的防御"，而且是集体防御，也为我们理解亚文化的吸引力和特质（风格）奠定了基础。

综上所述，结合埃里克森和海费勒的观点，现代性与青春期亚文化的关系可以归纳为：由于青春期是儿童向成人转

---

[1] 埃里克·H.埃里克森：《同一性：青少年与危机》，孙名之译，浙江教育出版社1998年版，第113—119页。

变的过渡阶段，聚集了早年尚未解决和整合的认同危机，存在对成人承担义务的合法延缓期，是最容易发生认同危机或角色混乱的时期；而现代性的发生，导致青春期被延长，休闲时间增加，加剧了青年人的认同危机，也进一步催生了当代亚文化现象。

## 三、全球化与亚文化的传播

现代性发展的必然结果就是全球化。吉登斯认为全球化涉及经济、政治和文化融合的持续进程：在经济上，当地和全球市场越来越融合，因为资本和货物都在世界各地流通；在政治上，各国的命运变得越来越密切相关，国际货币基金组织、联合国、欧洲联盟和世界银行等组织试图实现跨国或全球治理；在文化上，不同文化背景的人以前所未有的方式分享艺术、音乐、食品、电影、文学和时尚。数字技术、全球大众媒体和航空旅行使得世界看起来更小，互联网、数字革命、社交媒体和全球市场不断扩大，加速了全球文化的传播。[①]

海费勒在《亚文化原理》一书中也描绘了全球化时代亚

---

① 安东尼·吉登斯：《现代性的后果》，田禾译，译林出版社 2011 年版，第 56—68 页。

文化的流行和传播，其观点非常符合吉登斯的论述。朋克在中国蓬勃发展，有人把嘻哈带到了埃及，漫画在美国兴起，日本出现了"厄运金属"（doom metal）场面，即使是规模相对较小的亚文化在快速全球化的世界中也找到了不同的信徒。<sup>①</sup> 在海费勒看来，在经济上，全球化促进了跨国亚文化经济，因为参与者在全世界创造和交易他们的商品；在政治上，全球化使亚文化分享经常出现越轨甚至颠覆性的意识形态；在文化上，全球化促进了音乐创新，以及舞蹈风格和时尚感觉的快速共享。<sup>②</sup> 海费勒所说的亚文化，主要是指朋克、硬核、直刃族、哥特等当代青年亚文化，它们是跨地域的，参与者来自全球各地，为全球的亚文化成员所共享，可以通过文化产品的发行、巡演、假日聚会、互联网等形式传播。<sup>③</sup>

关于亚文化在全球化时代的演变，詹金斯在《文本盗猎者：电视粉丝与参与式文化》中也提到了一个术语："流行世界主义"（pop cosmopolitanism）。经典模式的世界主义指的是人们逃离自身所处的当地文化本位主义（parochialism），转而接受从别处来的文化内容，一般都是高雅文化，如音乐、美术、诗歌、美食、美酒、外国电影等。但是在全球化时代，年轻人通过投入世界上其他国家的流行媒体文化来创

---

① Ross Haenfle, *Subcultures: The Basics*, London: Routledge, 2014, p.127.
② Ross Haenfle, *Subcultures: The Basics*, London: Routledge, 2014, p.27.
③ J. Patrick Williams, "Youth-Subcultural Studies: Sociological Traditions and Core Concepts", *Sociology Compass*, 2007, 1(2): 572-593.

造独特性的现象越来越常见。《文本盗猎者：电视粉丝与参与式文化》已经体现了这个趋势的兴起，如英伦媒体粉丝和日本动漫粉丝等。人们开始（或者加速）利用非正式的法律之外的网络从世界各地获取媒体材料，这种行为微妙地将流亡群体重返家乡的思乡之举和流行世界主义人士从自己的国家脱离开的行为纠缠在了一起，粉丝们和盗版资本主义网络产生越来越紧密的联系。[①] 流行世界主义的出现和散播，是全球化时代亚文化、大众文化快速发展、相互激发的结果。

---

① 亨利·詹金斯：《文本盗猎者：电视粉丝与参与式文化》，郑熙青译，北京大学出版社 2016 年版，第 301 页。

第四节 •
<br>
亚文化何为 •

亚文化产生之后，它将向何处发展？它将带来什么结果？它有哪些功能？这些都是亚文化研究中的重要问题。

## 一、亚文化的功能

亚文化代表了一种"抗拒美学"，它以"富有意味的形式"和异样的姿态，在支配文化和从属文化之间形成了张力，给主流意识形态带来了某些威胁和挑战，令支配文化感到紧张。亚文化的抵抗产生后，社会对亚文化有着不同的评价和反应，特别是自 1960 年以来，关于亚文化（很多时候也包括难以清晰区别的反文化）的评价，人们的争论更加激烈。

1976 年，即伯明翰学派的经典亚文化著作《通过仪式抵抗：战后英国的青年亚文化》出版的那一年，美国文化批评家丹尼尔·贝尔在《资本主义文化矛盾》一书中这样评价 60 年代的"反文化"（即"亚文化"）：

六十年代我们看到的反文化〔counter culture〕"新"现象，其名称本身就是一种欺骗。以往所谓"反抗文化"〔adversary culture〕注重运用想象，将执拗抗拒意识和混杂材料加工成超越时代意义的作品。这类文化过去存在过。可六十年代反文化是一场孩子们发动的十字军远征。其目的无非是要打破幻想与现实的界线，在解放的旗帜下发泄自己生命的冲动。它扬言要嘲弄资产阶级的假正经，其实仅仅抖露出自由派爹妈的私生活。它宣称代表着新潮与勇敢，实际上只会嘶哑着嗓子反复叫喊——由于使用电子共鸣器这种大众传播媒介，摇滚乐的音量陡然暴增——可怜的年轻人，他们竟也要嘲笑半个世纪前在纽约格林威治村里放浪形骸的波希米亚们。与其说这类玩意儿是反文化，不如称它作假文化〔counterfeit culture〕。①

六十年代的文化冲动有如与其并行的政治激进主义，在目前多半已经筋疲力尽。反文化也被证明是银样腊枪头。它主要是一场青年运动的产物，试图把自由主义者的生活方式加以改造，推出一个现

---

① 丹尼尔·贝尔：《资本主义文化矛盾》，赵一凡、蒲隆、任晓晋译，生活·读书·新知三联书店1989年版，第37页。

时遂愿、夸耀炫示的世界。结果反文化既未产生什么文化，也没能反掉任何东西……文化大众这一阶层本身不能创造文化，它却能在吸收的过程中传播和改变文化的性质。[①]

贝尔这里所说的"反文化""青年运动"，其实很多时候和亚文化、工人阶级青年亚文化、亚文化风格是一回事，比如，摇滚乐本来就是伯明翰学派讨论的亚文化，是来自下层黑人的爵士乐（亚文化）和白人乡村音乐的结合，猫王，披头士、性手枪乐队的成员都是典型的工人阶级子弟。贝尔对反文化/亚文化的一系列糟糕的评价，"本身就是一种欺骗""一场孩子们发动的十字军远征"，"与其说这类玩意儿是反文化，不如称它作假文化""银样腊枪头""既未产生什么文化，也没能反掉任何东西""文化大众这一阶层本身不能创造文化，它却能在吸收的过程中传播和改变文化的性质"，字里行间充满了不屑和轻蔑，口气尖酸刻薄，充分暴露了一个精英知识分子的文化保守主义立场。

　　类似地，也经常会有人这样看待亚文化：亚文化只是为青少年提供了一种空间，是无因的难以控制的反叛，让他们

---

① 丹尼尔·贝尔：《资本主义文化矛盾》，赵一凡、蒲隆、任晓晋译，生活·读书·新知三联书店 1989 年版，第 129 页。

的长辈感到震惊；亚文化只是为了挑战社会，是社会的问题和麻烦。"媒体对亚文化群体留下了刻板印象，将其混同为麻烦、异化、青少年犯罪或暴力的孩子。""成年人经常把青年视为一个有待管理的问题"，人们对各种不同的越轨行为感到震惊，各种权威组织形成了特别工作组，提起诉讼，召开立法听证会，宣讲布道，扩大监督和警务，发起打击毒品的战争，锁定了年轻人的记录。亚文化，作为嫌疑犯，总是被官方认为是危险的。[1] 在美国，至今还有人把 20 世纪 60 年代视为一场灾难，只要提到嬉皮士或"60 年代"，"在某个地区就会唤起某种对于那个现在仍然被想象为文化背叛时代的惊人的狂怒。在中西部的白人市郊，一件常常发生的事情是发布仇视 60 年代和嬉皮士的宣言，这种姿态以至于开始成为中产阶级或某种年龄段的某种历史写作的先决条件；在美国政治中，指责 60 年代和嬉皮士仍然是一张王牌，其效果仅小于早些年的红色诱饵"[2]。甚至在新世纪（2000）还有学者依然认为："数十年的反文化叛逆运动没能改变任何现实，因为反文化思想的基础社会理论是虚假的。""反文化运动不仅成事不足，而且败事有余。它不仅分散精力、转移努力方向，使之无法集中于人们生活的实质改善，而且还

---

[1]　Ross Haenfle, *Subcultures: The Basics*, London: Routledge, 2014, p.27, p.2.

[2]　托马斯·弗兰克：《酷的征服：商业文化、反主流文化与嬉皮消费主义的兴起》，朱珊、胡传胜、孙冬译，南京大学出版社 2007 年版，第 3 页。

鼓励人们对这样的渐进变革采取完全嗤之以鼻的态度。"① 这些观点几乎完全否定了亚文化（反文化）的价值。

关于包括中国当代亚文化在内的亚文化功能，在中国也有类似的观点，比如有学者就曾经这样批判青年亚文化：

> 归根到底，青春文化用一种虚张声势的"字由"（符号自由）姿态偷换了青年文化对"自由"的诉求；用脆弱的角色反转的个性追求抹去了青年的社会角色和功能；用想象性的粉丝们的力量伪装一种具有民主意义的现实性力量也就是用"伪娘"的去性别化来说明女性主义的胜利，用"恶搞"来宣告底层抗争的存在，用"围观"来确立人们为了公平政治而斗争的蛛丝马迹，用洋洋得意的青春的文化多元主张来掩盖青年政治功能的核心价值。青春文化之代替青年文化，乃是用政治领域的屁民主义代替了理想主义，用文化领域的傻乐主义代替了启蒙主义，用社会领域的反智主义代替了理性主义。青春文化崛起，也恰好勾勒了青年文化的坟墓。我们为什么失去了"青年"？②

---

① 约瑟夫·希斯、安德鲁·波特：《叛逆国度：为何反主流文化变成消费文化》，张世耘、王维东译，上海译文出版社 2014 年版，第 8—9 页。
② 周志强：《我们失去了"青年"》，《社会观察》2012 年第 5 期。

显然，中国学者的这一批评是犀利的，它捕捉到了亚文化象征性解决问题的特点或弱点；但是批评者忽略了一点：亚文化的抵抗意义从来不是在受众接受、传播的开端，而是在这之后的整个过程中。换言之，亚文化改变的不是整个世界，它只是一种仪式抵抗，它改变的只能是受众的价值观、世界观，正如台湾乐评人张铁志所说的："摇滚乐的确可能，也只能改变个人的信念与价值。而这也正是许多社会变迁的基础，正是无数人的价值变迁构成了社会的进步。"他引用了英国著名歌手 Billy Bragg 的答案："艺术家的角色不是要想出答案，而是要敏锐地提出正确问题，阅听人才是改变世界的行动主体。""摇滚乐或许从来不能革命，但当摇滚乐抓到了时代声响，这些歌声将不断在被社会矛盾挤压的人们的脑袋中回响，将永远在反抗的场景中被高唱。摇滚乐真正改变世界的可能性在于和草根运动组织的结合。当摇滚乐去感动人心、改变意识，结合起草根组织的持久的具体游说、组织、动员工作时，世界是可以一点一滴地被改变！"[①]亚文化的功能，我想也正是这样。

在英美学界，与贝尔等人不同的是，一直有学者主张宽容地、开放地看待亚文化。美国社会学家、结构功能主义大

---

① 张铁志：《声音与愤怒：摇滚乐可能改变世界吗?》，广西师范大学出版社 2008 年版，第 32 页。

师默顿认为：越轨行为不一定等同于社会负功能，也不等同于违反道德规范："从社会学的角度来看，与群体占优势的规范相背离的行为，并不都意味着群体的基本价值观和适应力失去作用。相反地，严格地不折不扣地遵从所有主流规范只能在存在于静止和不变环境中的静止和不变的群体中起作用，而这样的群体是不会有的。与现行规范某种（未知）程度的背离，也许对所有群体的基本目标起作用。例如，某种程度的'创新'可能导致形成新的制度化的行为模式，比旧的行为模式在达到主要目标上更加具有适应性。"[①] "认为对群体现行价值观有负功能的越轨行为同时也没有道德效用，是一种目光短浅的观点和不明智的判断……从各种道德标准来看，也许群体中的规范本身就是错误的，而不是那些抛弃它们的创新者错了。"[②] 他的意思是说，越轨有时也是创新的一种！默顿大声为亚文化辩护，称他们为有勇气的"文化英雄"："一些文化英雄被尊为英雄的原因恰恰是他们有打破当时群体中流行规范的勇气和远见。如大家所知，昔日的叛逆者、革命家、不守成规者、个人主义者、持非正统见解者或叛教者，经常是今天的文化英雄。"[③] 默顿的评价和先前贝尔

---

[①]　罗伯特·K. 默顿:《社会理论和社会结构》，唐少杰、齐心等译，译林出版社2015 年版，第 328 页。

[②]　罗伯特·K. 默顿:《社会理论和社会结构》，唐少杰、齐心等译，译林出版社2015 年版，第 328 页。

[③]　罗伯特·K. 默顿:《社会理论和社会结构》，唐少杰、齐心等译，译林出版社2015 年版，第 329 页。

等人的观点可谓有云泥之别！

## 二、亚文化与美学创新

在美学创新方面，也有学者曾对亚文化／反文化给予了高度评价，如苏珊·B. 凯撒（Susan B. Kaiser）从服装社会心理学的角度有过这样的论述：

> 亚文化采取各种美学符码的原因，可能是为了使自己和其他亚文化或主流文化区别开来。从这个角度来看，流行款式可以是一种表达叛逆的工具，但亚文化未必希望主流文化模仿它们，事实上，它们可能会坚持这种款式或外观。一旦流行工业认可它们的美学符码，它们便可能重新寻求新的款式，以便再度使自己有所区别，或者它们也可能继续下去，并且追求某种更为传统的外观管理方式。[①]

凯撒的这一判断，从亚文化的美学实践的角度揭示了亚文化进行风格创新的美学追求和内在动力。另外一些学者对

---

① S. B. 凯瑟:《服装社会心理学》（下），李宏伟译，中国纺织出版社 2000 年版，第 615—616 页。

亚文化的美学功能也采取了更为宽容和开放的态度。他们认为：

　　自亚文化出现和兴起以来，它们对美学观念的更新从来都是"希望和危机"同在："各种反文化绝不是一套套奇奇怪怪却毫无意义的价值取向和行为，而是社会变革过程中的重要因素。他们产生的后果可能是破坏性的，也可能是创造性的。"[1]"时间提高我们的文化美学观。最初显得反常或具有破坏性的风格后来常常是正面的，具有促进作用。""局外人和被边缘化的少数派常常推动艺术创新。"[2]亚文化和主流文化的分离、差距以及界定都是有时间限定的。今日是亚文化的事物，明天可能会和主流文化沟通、融汇，并向主流文化转化。同时，亚文化在时间上是相对的，有时候它也能够被吸收到主流文化中。任何容不下亚文化的社会、不能吸收亚文化的社会是"脆弱、僵硬和迟钝的"。[3]

　　罗斯·海费勒对亚文化抱有乐观的态度。他认为：许多亚文化者和其他人并没有太大的差异，他们引领着能够很好地适应社会的、富有创造性的、有意义的生活。亚文化群体

---

[1] 弥尔顿·英格：《反文化：乱世的希望与危险》，高丙中、张林译，桂冠图书有限公司 1995 年版，前言第 i 页。
[2] 泰勒·考恩：《商业文化礼赞》，严忠志译，商务印书馆 2005 年版，第 20—38 页。
[3] 弥尔顿·英格：《反文化：乱世的希望与危险》，高丙中、张林译，桂冠图书有限公司 1995 年版，第 22 页。

当然不是圣人，然而他们也不是媒体曾经描绘的恶魔。[1] 他以自身的经历为例，积极地评价了亚文化的功能：

> 亚文化有时可能看起来很奇怪，粗暴，危险或愚蠢，但我相信我们应该认真对待它们，它们值得被重视。亚文化已经引领了几代青年长大成人，为那些在别人眼里像是局外人的孩子提供了认同的空间，并培养了伴随他们成长的非规范的价值观……与其说是亚文化带来问题，不如说是亚文化经常以有意义的社群形式为陷入困境的孩子提供解决方案。
>
> 我肯定可以证实亚文化的变革潜力。朋克摇滚认可了我，甚至鼓励了我，让我质疑一切，怀疑权威。……亚文化影响着我们更广泛的社会各界。亚文化也是很重要的，因为他们向我们介绍了整个社会的一些事情。在反抗中，他们反思了我们的虚伪，迫使我们要问一声"对抗什么？"遵从？种族主义？不容忍？暴力？过度消费？美容标准？亚文化者可能不是英雄，但如果我们仔细聆听，他们可

---

[1]　Ross Haenfle, *Subcultures: The Basics*, London: Routledge, 2014, pp.2-3.

能教会我们一些东西。①

在海费勒看来，亚文化的抵抗具有创造性，让人提高了反思能力，具有意味深长的魅力。在最基本的层面上，亚文化群体往往试图通过挑战主流的社会观念和做法来破坏权力不平等，破坏或反对在许多方面控制我们生活的霸权主义社会意义和权力关系。

伯明翰学派的赫伯迪格在《隐在亮光之中：流行文化中的形象与物》一书中将自己的亚文化研究描述为用威猛的"大锤"敲开小小的"核桃"②，他的本意是指做文化研究需要一种"小材大用"的态度，去深入挖掘日常生活中那些看似微不足道的话题。但抛开这一点，"核桃"本身和亚文化也有一种天然的契合：那些活力四射的青年亚文化，就像核桃一样用坚固的外表抵抗着外来的"入侵"。但如果你能敲开它，切进它的内部世界，就能享受到果肉的醇香。既有的研究已经用丰厚的回报证实了这种付出的确是值得的。奋力而精准地敲开亚文化的"核桃"，这正是所有文化研究学者为之奋斗的目标。

---

① Ross Haenfle, *Subcultures: The Basics*, London: Routledge, 2014, p.24.
② 迪克·赫伯迪格：《隐在亮光之中：流行文化中的形象与物》，席志武译，重庆大学出版社 2020 年版，第 xiv 页。

## 研讨专题

1. 亚文化和越轨行为、反文化、大众文化有着怎样的异同点？

2. 为什么会出现亚文化？可以从哪几个视角来理解亚文化的成因？

3. 亚文化与现代性的关系是怎样的？

4. 亚文化有哪些功能？对于美学创新的意义是什么？

## 拓展研读

1. ［美］R. E. 帕克、E. N. 伯吉斯、R. D. 麦肯齐：《城市社会学——芝加哥学派城市研究文集》，宋俊岭、吴建华、王登斌译，华夏出版社 1987 年版。

2. ［美］莫里斯·迪克斯坦：《伊甸园之门——六十年代美国文化》，方晓光译，上海外语教育出版社 1985 年版。

3. ［美］霍华德·S. 贝克尔：《局外人：越轨的社会学研究》，张默雪译，南京大学出版社 2011 年版。

4. ［英］迪克·赫伯迪格：《亚文化：风格的意义》，陆道夫、胡疆锋译，北京大学出版社 2009 年版。

5. ［英］安迪·班尼特、基思·哈恩－哈里斯编：《亚文化之后：对于当代青年文化的批判研究》，中国青年政治学院青年文化译介小组译，中国青年出版社 2012 年版。

6. ［英］斯图亚特·霍尔、托尼·杰斐逊编：《通过仪式抵抗：战后英国的青年亚文化》，孟登迎、胡疆锋、王蕙译，中国青年出版社 2015 年版。

7. 陶东风、胡疆锋主编:《亚文化读本》，北京大学出版社 2011 年版。

# 第四章
### /Chapter 4/

# 大众文化

　　大众文化是当代文化的重要组成部分，是"二战"后西方最具影响力的文化形态，甚至有学者认为："西方的大众文化早已摆脱了边缘和地下的处境，基本上，大众文化就是文化本身。"①

　　大众文化是工业社会和大众媒介的产物，自它诞生之日起，就作为"他者"与其他文化如高雅文化、支配文化、民间文化或通俗文化发生了激烈的碰撞，出现了对峙和紧张关系。大众文化有时被人们贬得一文不值，被称为"群氓文化"甚至"垃圾文化"；有时也被不加批判地捧得过高，被称为"人民自己的文化"。大众文化研究也成了文化研究必不可少的重要内容，正如约翰·斯道雷在《究竟什么是文化研究》的导言中说的那样："虽然文化研究不能（或不应该）被简化为大众文化研究，但是情况显然是这样，大众文化研

---

① Dick Hebdige, "Banalarama, or can pop save us all?", *New Statesman & Society*, 1988.

究是文化研究规划的核心。"[1]在中国第一本《文化研究读本》的序言中，编者甚至这样说："如果谈文化研究而不谈大众文化，就如同出演《哈姆雷特》却缺少了王子。"[2]这些评价都证明了大众文化在文化研究中的特殊地位。

① John Storey, "Cultural Studies: An Introduction", in *What is Cultural Studies? A Reader* edited by John Storey, London: A Member of The Hodder Headline Group, 1996, p1.
② 罗钢、刘象愚主编：《文化研究读本》，中国社会科学出版社 2000 年版，前言第31 页。

第一节 ●
大众文化的概念与理论流派 ●

　　大众文化在英文中对应的主要有 popular culture 和 mass culture 两种说法，前者有时也译为"通俗文化"，后者也可译为"群氓文化"，相关的表述还有媚俗文化（kitsch）、垃圾文化（trash culture）和文化工业（culture industry）等。在文化研究领域里，popular culture 的使用最为广泛，popular 在英文中与"大众""通俗""流行""广受欢迎的""受喜爱的""广为传播的"等联系在一起。

　　文化研究关注的大众文化，主要出现在工业化、城市化的进程中，与大众媒介和市场经济的发展密切相关。大众文化的概念范畴并非一成不变，它有非常丰富的内涵，也产生了不同的理论流派。

## 一、大众文化的代表性定义

　　中文语境下，有学者对大众文化（popular culture）下过这样的定义：大众文化是以大众媒介为手段、按商品规律运作、旨在使普通市民获得日常感性愉悦的体验过程的文化样式，包括通俗文学、畅销书、通俗报刊、流行音乐、电视剧、电影和广告等形态。[1]

这是一个操作性的定义，清晰而简洁，不过在实际消费和评价大众文化时，我们会遇到很多复杂的情况。比如，约翰·斯道雷就发现：当人们提到大众文化时，总是会联系与大众文化相对的、缺席／在场的"他者"，总是有意无意地将大众文化与其他文化——民间文化、群氓文化、宰制性文化、工人阶级文化等进行对比，并在对比中为"大众文化"下定义。他认为：若想使定义更加全面，就必须考虑上述因素。[2]

美国一所大学的一位文学教授曾经在课堂上有过这样一段有趣的经历：

> "《兰博》和《伊利亚特》一样好。"有一天当我们读完这两部作品之后我告诉学生。"不，不，"他们全都这样回答，"《伊利亚特》要好上几倍。""那么好吧，"我说，"你们更愿意在哪一部作品上花时间，《兰博》还是《伊利亚特》？""《兰

---

[1]　王一川主编：《大众文化导论》（第三版），高等教育出版社 2015 年版，第 8 页。
[2]　约翰·斯道雷：《文化理论与大众文化导论（第七版）》，常江译，北京大学出版社 2019 年版，第 1 页。

博》。"他们毫不犹豫地齐声回答。教室里安静了一
会儿，他们在考虑自己选择的意义，但价值判断的
问题仍没有解决。①

在这段课堂对话中，美国大学生在衡量好莱坞大片《兰
博》的价值时，毫不犹豫地认为它不如传统经典作品（高
雅文化）《伊利亚特》好，但是在做个人娱乐选择时，他们
却毫不犹豫地选择了《兰博》。这个很有意思的案例也表明：
人们在消费和界定大众文化时，个人的美学趣味和价值选择
不一定是协调的。

斯道雷曾经在文化形态比较的视野中讨论了大众文化的
六种代表性定义：第一种是大众文化最显见的定义，即大众
文化是指被很多人广泛热爱和喜欢的文化；第二种定义将大
众文化界定为"高雅文化"之外的其他文化，属于低等文
化，是为满足乌合之众而批量生产的商业文化；第三种定
义将大众文化等同于"群氓文化"，是为大众消费而批量生
产的文化，其受众是完全没有分辨力的消费者；第四种定义
是来源于"人民"的文化，是属于人民的本真的、民享的文
化；第五种定义吸收了葛兰西的霸权理论，认为大众文化是

---

① 理查德·凯勒·西蒙：《垃圾文化——通俗文化与伟大传统》，关山译，社会科学
文献出版社 2001 年版，第 17 页。

一个富含冲突的场所，是由带有商业属性的欺骗性文化和"人民"创造的抵抗性文化进行交流和协商的场域，同时包括抵抗和收编；第六种定义是从近来对后现代主义争论的思考中生发出的，文化的高低之分被淡化。

斯道雷认为，以上六种定义有一定的代表性，但也有一些明显的问题：第一种定义中的"很多人"是无法衡量的概念。第二种定义臆想出高雅文化和大众文化之间的界线，忽略了高雅文化向大众文化转变的过程。第三种定义将"大众文化"与"群氓文化"混为一谈，把大众文化看成不可救药的商业文化，是程式化的、极具操纵性的。其受众是一群毫无分辨力的消费者，但研究者早就发现——尽管生产者做了海量的广告，但大多数的新文化产品在商业上都失败了。生产者是在做亏本生意。认为消费仅仅是一种机械、被动的行为的观点是不尽准确的，受众不是没有文本性对抗与行动的余地；同时也不存在一个"黄金时代"，对有机社区的逝去或本真的民间文化的消亡的哀悼只是一种浪漫的怀旧。第四种定义认为大众文化是一种民治、民享的民间文化，将大众文化等同于一种极富浪漫色彩的工人阶级文化；但该定义无法说清究竟谁有资格来决定谁是"人民"、谁不是"人民"，也忽视了大众文化生产的商业属性。第五种定义来自葛兰西的霸权理论，大众文化是一个富含冲突的场所。大众文化既不是自上而下灌输给"群氓"的欺骗性文化，也不是自下而上的、由"人民"创造的对抗性文化，而是两者进行交流和协商的场域，同时包括了"抵抗"与"收编"。这个定义使得大众文化变成了一个深刻的政治概念，这也是文化研究使用最广泛的一个定义。第六种定义是从近来对后现代主义争论的思考中生发出的，认为后现代文化已不再具有高低之分，商业和文化互相渗透，模糊了"本真文化"与"商业文化"之间的区别。

以上六种定义中，最受英国文化研究学者青睐的、最具张力也最具启发性的是第五种定义。根据这一定义，大众文化的文本与实践就在葛兰西所谓"折中平衡"（compromise equilibrium）中流动，大众文化在"抵抗"与"收编"之间游弋。大众文化既包括自上而下的、旨在维护统治阶级意识形态的欺骗性"群氓文化"和自发的、自下而上的对抗性文化，也包括两者之间彼此妥协的区域。

下面以孟悦的《轿车梦酣——"平等"而"发达"的沥青幻境》[①]（以下简称《轿车梦酣》），来分析大众文化蕴藏的冲突性和复杂性。

《轿车梦酣》是大众文化研究的典范。作者使用了文本分析，历史学、经济学、心理学等跨学科的方法，展示出文

---

[①] 孟悦：《轿车梦酣——"平等"而"发达"的沥青幻境》，载李陀、陈燕谷主编：《视界 第3辑》，河北教育出版社2001年版，第58—72页。另外可见孟悦：《人·历史·家园：文化批评三调》，人民文学出版社2005年版，第393—418页。

化研究的跨学科性、批判性、政治性等，具有惊人的预见性和前瞻性。① 文章研究的是中国 20 世纪 90 年代中期出现的汽车热，聚焦《北京青年报》的"汽车时代"广告。作者注意到："汽车在 90 年代中期中国公共文化中的重要性，大概超出了普通经销商与广告商们的想象。汽车，尤其是私人轿车，不仅是一种类似 VCD 或高级音响之属的商品，而且是公共生活和公共文化的一个焦点。公众在不同时期对汽车的心理和历史投射标志了一个充满矛盾的时代的转折。90 年代初的数年之间，私人汽车从百姓攻击特权的靶子摇身一变而成为百姓可以像音响一样为之发烧的欲望对象，引起无数争论、妄想、兴奋和躁动。"②

在"汽车时代"的广告中，汽车作为一种崇高而合人心意的文明象征，其所代表的梦幻豪华，被书写成新时代的起点，还有很多人为此赞美轿车所代表的工业文明的先进性或阐释大众轿车消费的民主性。但是作者不同意这种盛行的观点，她以大量的史实质疑了"汽车时代是现代文明的象征"和现代工业推动文明进步等论调，认为西方文明发展到今天不是依靠科技甚至不是依靠工业，而是依靠对美洲资源的掠夺和奴隶贸易。在美国经济腾飞的 19 世纪末 20 世纪初，

① 　这与作者的学习背景和经历直接相关：孟悦在 1982—2000 年期间，先后在北京大学中文系、美国加州大学洛杉矶分校获得文学学士、文学硕士和历史学博士学位。
② 　孟悦：《轿车梦酣——"平等"而"发达"的沥青幻境》，载李陀、陈燕谷主编：《视界　第 3 辑》，河北教育出版社 2001 年版，第 58 页。

60% 的国民经济财富源于小手工生产，钢铁、汽车工业非但不是经济起飞的动力，实际上反倒是美国经济危机的源头。轿车也不是工业文明的象征，美国轿车和轿车市场逐步取代其他交通工具的过程并非工业发展的结果和生活富裕的必然，事实上是因为大企业集团共谋垄断（如三大汽车企业阴谋拆毁 44 座城市上百套电车系统为例）以及政府政策制定失误（汽车工业绑架国民经济，尾大不掉）等。同时，轿车被广告美化为便捷、梦幻的私密空间，但事实上会造成交通堵塞（每车每天 2 个小时），修筑公路耗费巨大（30 年，每年 75% 以上的总交通费），死亡率高（每年 40700 起交通事故，5000000 人伤亡，每年 30000 人死于空气污染），挤占日常生活空间（以 LA 为例：2/3 的城市空间被汽车占据；平均每辆车 8 个车位）。因此，作者不认为"轿车乃是发达、发展之必然"，反而支持这样的观点：与其发展轿车文明，不如发展公共交通。《轿车梦酣》最终得出的结论是：汽车巨头利用着我们的资源，培育着我们的市场，而维护这一市场的代价——如修路、修停车场，以及更多隐性的代价——却全部要由消费者自己来承担，可是这些汽车巨头却"不必承担任何社会的、生态环境的和政治的后果"。这种发端于汽车的文明梦，只不过是"平等"和"发达"的沥青幻境。

《北京青年报》的"汽车时代"广告是影响广泛的大众文化文本，它所引发的讨论和争议，折射出中国"'汽车热'现象的兴起、变化及走向，展示在文化全球化过程中价值观念的巨变，各种跨文化意识形态的交错重叠，以及轿车消费／梦想者对跨国企业集团权势及其在中国的影响的可能的盲视"[①]，其中展现和流露出的兴奋、自豪、渴望、夸耀、诱惑、不满或愤怒，都是当时各种力量在文化场域争夺话语权的鲜活体现。

## 二、大众文化理论流派

由于人们对大众文化存在着不同理解，因此形成了各种不同的大众文化理论，也形成了不同的分类。

两分法。澳大利亚学者约翰·多克尔（John Docker）从现代主义和后现代主义批评理论的视角把大众文化理论分为两种：一种是现代主义批评理论，夸张地将大众文化妖魔化，宣称大众文化是文明的主要威胁，因为大众不分好坏、毫不抵抗地接受一切；另一种是后现代主义批评理论，没有将大众文化现象归于任何一种单一的主导意义或目的。

多克尔明显更欣赏后现代主义批评理论，他认为后现代主义批评理论能够提供更具启发性的解释方案，因为它没有

---

① 孟悦：《轿车梦酣——"平等"而"发达"的沥青幻境》，载李陀、陈燕谷主编：《视界 第3辑》，河北教育出版社2001年版，第58页。

简单地假设大众文化与受众的关系，也不认为受众的欲望和意识（或者无意识）是一眼就能看透的，大众文化与传媒并不是无数错误东西的罪魁祸首。种族主义、殖民主义、缺乏民主与人权、国家审查制度、政治压抑、迫害、性暴力和历史是危险的、可怕的、残暴的，具有破坏性的。西方大众文化与传媒既没有单一地助长这些力量，也没有一味地让大众去顺从。而且，在许多时候，情形恰恰是相反的。[①] 在多克尔看来，后现代主义批评理论对大众文化的形式与流派很感兴趣，认为大众文化具有多样性的审美标准，已经有了很长的且令人着迷的历史，它们不是静止分裂的，而是相互交织、相互作用、相互矛盾、相互竞争、相互消解，千姿百态、变化多端的，可以从一个极端到另一个极端，从痛苦到嬉闹，从紧张到滑稽，不论在叙述方面，还是在戏剧表演方面都具有无尽的多样性。后现代主义批评理论不会规定和创造一些文化决定性来评判所有的审美表达。它为那些被 20 世纪现代主义所贬低的"低级弱势流派"及其读者和观众辩护。它认为流行文化经常孕育着华丽、壮美、铺张、模仿和自我模仿，这种自我模仿具有一种哲学内涵，意味着流行文化是一种世界观、一种宇宙论、一种诗学。[②]

---

① 约翰·多克尔：《后现代与大众文化》，王敬慧、王瑶译，北京大学出版社 2011
年版，第 1 页。
② 约翰·多克尔：《后现代与大众文化》，王敬慧、王瑶译，北京大学出版社 2011
年版，第 1 页。

根据以上标准，多克尔把利维斯及利维斯夫人、阿多诺、霍克海默尔、罗兰·巴特、理查德·霍加特、斯图亚特·霍尔等人归入现代主义批评，把詹姆逊、鲍德里亚、利奥塔、德里达、雷蒙·威廉斯、约翰·费斯克、巴赫金等人归入后现代主义批评。这种归类（如把霍尔归入现代主义批评）或许值得商榷，但这种根据受众对大众文化理论的接受情况进行划分的思路是值得借鉴的。

四分法。我国学者根据大众文化的功能，把各种大众文化理论分为以下四种学说[①]：

其一，整合说。主要观点是：在垄断资本主义时代，文化工业不过是为统治阶级和主流意识形态服务的帮手。大众文化以商品拜物教为其意识形态，以标准化、模式化、伪个性化、守旧性与欺骗性为其基本特征，以制造人们的虚假需要为其主要欺骗手段的文化，它最终要达到自上而下整合大众的目的。代表人物：法兰克福学派的阿多诺、霍克海默尔、马尔库塞。

其二，颠覆—抵抗说。主要观点是：在资本主义社会中，大众不是被文化工业整合的对象，而是需要被大众文化武装起来的革命主体。通过新型的大众文化形式或源于大众

---

① 赵勇主编：《大众文化理论新编》（第 2 版），北京师范大学出版社 2016 年版，第 1 页。

文化的青年亚文化（电影、摇滚乐等），通过大众文化所执行的新型功能（心神涣散、语言暴动、身体狂欢与爱欲解放等）对大众革命意识与批判态度的培养，最终可以达到颠覆、抵抗资本主义制度的目的。代表人物：本雅明、布莱希特、萨特、马尔库塞、费斯克。

其三，斗争场域说。主要观点是：大众文化是一个谈判、协商、对话、斗争的场所，是一个文化霸权争夺战的竞技场。代表人物：霍尔。

其四，抵抗说。主要观点是：大众文化是大众创造的，而不是加在大众身上的；它产生于内部或底层，而不是来自上方。大众文化一直是权力关系的一部分，它总是在宰制与被宰制之间、在权力与对权力所进行的各种形式的抵抗或规避之间、在军事战略与游击战术之间，显露出持续斗争的痕迹。代表人物：费斯克。

以上两种流派划分各有优势，两分法简洁明快，四分法更为辩证，但无论是两分法还是四分法，我们都可以从中发现大众文化理论的多维性。以下我们主要介绍大众文化理论中的文化批评与批判理论和英国文化研究理论，前者大致属于现代主义批评，与"整合说"有类似的观念，后者属于后现代主义批评，包括四分法中的颠覆—抵抗说、斗争场域说、抵抗说。

第二节 ●
　　　　　：
文化批评与批判理论 ●

　　在大众文化研究中，有一些学者始终对大众文化持激烈的否定态度，将批判进行到底，属于英国"文化—文明"传统的文化批评学者 F. R. 利维斯和法兰克福学派的阿多诺就是其中的两个代表。

## 一、少数人文化与大众文化批评

　　F. R. 利维斯（Frank Raymond Leavis，1895—1978）是 20 世纪英国著名的文学批评家，他的理论深受马修·阿诺德的影响，并进一步发展成为利维斯主义。这种文化批评思想形成于 20 世纪 30 年代，直到 60 年代都是英国文学批评的主流思潮。

　　利维斯主义的基本立场是认为"文化始终是少数人的专利"。这一观点在利维斯的多部著作中得到了阐述，如《大众文明和少数人文化》（*Mass Civilization and Minority Culture*，1930），以及他与妻子昆妮·利维斯合著的《小说与阅读公众》(*Fiction and the Reading Public*, 1932)等。利维斯对大众文化持批评态度,认为大众文化与商业文化等同,对少数人的文化权威地位构成了挑战。在他看来,少数人的文化代表了已经逝去的英国文明传统,尤其是英国文学经典。利维斯认为:文化对社会整体来说总是至关重要的,只有少数人才能在任何时候对艺术和文学都具有深刻的鉴赏力,能判别哪些艺术和文学作品是高雅的,哪些是低俗的。这些少数人不仅能鉴赏但丁、莎士比亚、多恩、波德莱尔和哈代的作品,而且能鉴赏他们在当代的继承人的作品。他们代表了维护标准的正统"权威",这些文化上的少数人为更广泛一点的"有教养的公众"制定标准,然后这些标准从"有教养的公众"向外、向下辐射到广大公众。但是到了20世纪初期,"极少数的人"发现他们自身处于危机之中,被"虚假的核心"即"自称为文学权威和品位的仲裁者"取代了,人们不再倾听这"极少数的人"的意见,而这一切都是不良的美国大众文化入侵的结果。美国的"大批量生产和标准化"的好莱坞电影、低俗小报、侦探小说如同"第五纵队",占据了报刊、广告、电影和广播等领域,扰乱思想的其他"娱乐性"作品和"各种各样的"书籍已经完全泛滥成灾,视觉文化具有使人们处于类似催眠状态、使人着迷的危险能力。大众文化难以提供积极的娱乐,尤其是积极的思想运用。诗歌和想象在工业主义时代是没有希望的,工业主义时代颂扬的是"机器"。①

　　尽管利维斯的精英主义文化观后来受到了批评，但他的文学文本细读法为后来的文化研究提供了方法论上的启示，他的思想和倾向在法兰克福学派的阿多诺等人那里得到了回应，他对文化传统的强调也激发了霍加特、霍尔等人对工人阶级文化和大众文化的研究兴趣。

## 二、批判理论与大众文化研究

　　法兰克福学派是 20 世纪 20 年代在德国成立的一个社会哲学学派，它的名字来源于法兰克福大学的社会研究所。成员主要是德国上层的左翼知识分子，多是犹太人，其中的一些关键人物包括特奥多尔·W. 阿多诺（Theodor W. Adorno）、马克斯·霍克海默尔（Max Horkheimer）、埃里希·弗罗姆（Erich Fromm）、赫伯特·马尔库塞（Herbert Marcuse）和瓦尔特·本雅明（Walter Benjamin）。法兰克福学派是西方马克思主义的杰出代表，其成员秉承马克思主义的批判传统，对包括大众文化在内的资本主义意识形态进行了全面的分析。

---

① 　F. R Leavis, *Civilization and Minority Culture*, Cambridge: Minority Press, 1930, pp.13-32.

　　法兰克福学派以倡导批判理论著称，其理论有以下特点：批判理论是一种具有颠覆性的哲学，它对根植于西方文明之中的剥削、压迫和异化发动了无情的攻击；批判理论是面对现实问题的理论，回应不断变化的历史环境中产生的新问题以及实现解放的新的可能性；批判理论具有跨学科性和独特的实验性，对传统和所有绝对主张深表怀疑，不仅始终关注事物当下如何，也关注其可能如何以及应当如何；批判理论是在马克思主义的思想熔炉中构想出来的，但其代表人物从一开始便对经济决定论、历史阶段论和关于社会主义"必然"胜利的宿命观不以为然。他们关心的与其说是马克思所说的经济"基础"，不如说是社会的政治和文化"上层建筑"；"西方马克思主义"的代表人物卡尔·柯尔施（Karl Korsch）和格奥尔格·卢卡奇（Georg Lukács）构想了批判理论的核心内容和框架。与批判理论联系在一起的是异化、物化、文化工业等概念。①

　　《启蒙辩证法》（*Dialectic of Enlightenment*）是德国哲学家和社会理论家马克斯·霍克海默尔与西奥多·阿多诺合著的一本著名哲学著作，首次发表于 1944 年，但直到 1947 年才结集出版，是批判理论的代表作之一。它的主题是对欧洲

---

① 斯蒂芬·埃里克·布朗纳：《批判理论》，孙晨旭译，译林出版社 2019 年版，第 1—5 页。

启蒙运动及现代西方社会的深刻反思，其中"文化工业：作为大众欺骗的启蒙"章节（由阿多诺执笔）涉及了大众文化的生产、传播及其后果，是文化工业思想的集中体现。1963年，阿多诺发表了广播讲话稿《文化工业再思考》（也译为《文化工业述要》，1967 年正式出版），对《启蒙辩证法》中的"文化工业"思想进行了概括和阐释。

《启蒙辩证法》有两个重要的写作背景：一个是德国法西斯的"国家社会主义的恐怖统治"，另一个是"20 世纪 30和 40 年代美国的社会现象"[①]，纳粹德国的极权统治和美国大众文化深刻影响了阿多诺和霍克海默尔，使他们对大众文化充满了警惕甚至恐惧：

> 流行歌曲的传播速度也是非常快的。美国人用"风靡一时"来表示像流行病一样出现的时尚——高度集中的经济实力加剧了这种狂潮，这说明，那些把广告业务统揽在自己手中的老板，早就在文化领域里渲染这种现象了。总有一天，当德国法西斯决定用高音喇叭开始说"无法忍受"的时候，第二天，整个国家也都会异口同声地跟着说"无法忍

---

① 马克斯·霍克海默、西奥多·阿道尔诺：《启蒙辩证法——哲学断片》，渠敬东等译，上海人民出版社 2006 年版，新版前言（1969），意大利版前言（1962/1966）。

受"。同样，在"闪电战"中，受到德国重炮袭击的国家，也把这种说法写在了自己的标语中。统治者采取的措施就是，不断重复这些名词，让人们尽快熟悉它们，就像在自由市场里，如果每个人嘴边都经常挂着产品的品牌，产品就会销量大增一样。为词语注入特定的指涉，将它们盲目而又迅速地传播开来，这种做法完全可以把广告同极权口号联系起来。①

在阿多诺等人的笔下，法西斯文化（高音喇叭、极权口号）和美国大众文化（自由市场、广告、流行歌曲等）是可以瞬间丝滑切（替）换的，不需要辨析，也不需要犹豫。这可能是缘于阿多诺对于法西斯的种族灭绝政策和犹太人大屠杀的痛彻心扉的体验："文化批评发现自己面临着文化与野蛮之辩证法的最后阶段。奥斯维辛之后写诗是野蛮的。"源于阿多诺永远的"伤口"——奥斯维辛。②

在《启蒙辩证法》一书的写作过程中，阿多诺和霍克海默尔先后使用了群氓文化（mass culture）和文化工业

---

① 马克斯·霍克海默、西奥多·阿道尔诺：《启蒙辩证法——哲学断片》，渠敬东等译，上海人民出版社 2006 年版，第 150 页。
② 特奥多尔·W. 阿多诺：《奥斯维辛之后：阿多诺论笔选》，赵勇、赵天舒译，北京大学出版社 2024 年版，第 66 页，译者导言第 11 页。

（culture industry）[①] 来指代大众文化[②]。从 mass culture 所包含的贬斥态度也可见阿多诺对大众文化的批判倾向。《启蒙辩证法》以一种气势磅礴的宣言式的文体对文化工业进行了批判：在文化工业面前，人们失去了文化的选择权，不得不接受文化工业的控制和操纵。文化工业是一种包含了欺骗性质的文化生产，它总是力图让人们逃避现实，沉浸在各种各样的美学幻觉之中不能自拔；文化工业的产品是千篇一律的，常常互相复制；文化工业改变了大众的情感体验，塑造了喜好与鉴赏的方式，并使得他们的艺术鉴赏力不断地退化。

文化工业体现了商品拜物教在文化领域的扩展和强化。资本主义条件下的大众文化已经变成了对社会群体具有强大控制力的"文化工业"。他们认为，"整个世界都要通过文化工业的过滤"[③]，艺术的控制者是资本而非其他人："……从电影改编成的小说，到最后制作成的音响效果。所有这一切，都是投资资本取得的成就，资本已经变成了绝对的主

[①]　在中文里，人们倾向于将 cultural industry 翻译成文化工业，把 cultural industries 翻译成文化产业，以此强调前者的单一性、机械性和后者的多样性。
[②]　阿多诺在 1963 年的一篇文章里回顾：文化工业（culture industry）这一词语大概是在《启蒙辩证法》这本书中第一次使用的，该书 1947 年出版于阿姆斯特丹，在草稿中，我们使用的是"群氓文化"（mass culture），后来我们用"文化工业"取代了这个用语。阿多诺：《文化工业再思考》，高丙中译，载陶东风、金元浦、高丙中主编：《文化研究》第 1 辑，天津社会科学院出版社 2000 年版，第 205 页，第 206 页，第 198 页。
[③]　马克斯·霍克海默、西奥多·阿道尔诺：《启蒙辩证法——哲学断片》，渠敬东等译，上海人民出版社 2006 年版，第 113 页。

人，被深深地印在了在生产线上劳作的被剥夺者的心灵之中；无论制片人选择了什么样的情节，每部电影的内容都不过如此。"[①] 资本主义是以工业管理和工业投资的方式来面对文化创造工作的，通过资金的倾斜操纵了大众的意识："大众绝不是首要的，而是次要的：他们是算计的对象，是机器的附属物。"[②]

文化工业把艺术变成了商品。艺术的原则被市场的原则内在地主导着。"新奇的东西本不是商品，然而今天它已经彻头彻尾地变成商品了；艺术抛弃了自己的自主性，反而因为自己变成消费品而感到无比自豪。"[③] "说到作为典型的文化工业产物的文化作品时，我们不再说它们也是商品，它们现在是彻头彻尾的商品。"[④]

文化工业的产品是千篇一律的，都具有"伪个性"。阿多诺认为流行歌曲、电影明星和肥皂剧只有"僵化不变的模式"，所有的细节都是"早就被制定好了的陈词滥调"，"只要电影一开演，结局会怎样，谁会得到赞赏，谁会受到惩

---

① 马克斯·霍克海默、西奥多·阿道尔诺：《启蒙辩证法——哲学断片》，渠敬东等译，上海人民出版社 2006 年版，第 111 页。

② 阿多诺：《文化工业再思考》，载陶东风、金元浦、高丙中主编：《文化研究》第 1 辑，天津社会科学院出版社 2000 年版，第 198 页。

③ 马克斯·霍克海默、西奥多·阿道尔诺：《启蒙辩证法——哲学断片》，渠敬东等译，上海人民出版社 2006 年版，第 142 页。

④ 阿多诺：《文化工业再思考》，载陶东风、金元浦、高丙中主编：《文化研究》第 1 辑，天津社会科学院出版社 2000 年版，第 199 页。

罚，谁会被人们忘却，这一切就都已经清清楚楚了"。① 文化产品的风格都是"伪造的"，"因为它没有依据形式的那种无法驾驭的冲动而被强行制造出来"，"文化工业的所有要素，却都是在同样的机制下，在贴着同样标签的行话中生产出来的"。② 风格都变成了模仿："在文化工业中，这种模仿最终变成了绝对的模仿。一切业已消失，仅仅剩下了风格，于是，文化工业戳穿了风格的秘密：即对社会等级秩序的遵从。"③"在文化工业中，个性就是一种幻象，这不仅是因为生产方式已经被标准化。个人只有与普遍性完全达成一致，他才能得到容忍，才是没有问题的。""虚假的个性就是流行"，"个性不过是普遍性的权力为偶然发生的细节印上的标签，只有这样，它才能够接受这种权力"。④

文化工业就是欺骗与反启蒙。阿多诺这样概括文化工业的后果："文化工业的总体效果之一是反启蒙"，文化工业就是欺骗和"别有用心"的自上而下的"整合"。⑤他愤怒地说：

① 马克斯·霍克海默、西奥多·阿道尔诺：《启蒙辩证法——哲学断片》，渠敬东等译，上海人民出版社 2006 年版，第 112 页。
② 马克斯·霍克海默、西奥多·阿道尔诺：《启蒙辩证法——哲学断片》，渠敬东等译，上海人民出版社 2006 年版，第 116 页。
③ 马克斯·霍克海默、西奥多·阿道尔诺：《启蒙辩证法——哲学断片》，渠敬东等译，上海人民出版社 2006 年版，第 117—118 页。
④ 马克斯·霍克海默、西奥多·阿道尔诺：《启蒙辩证法——哲学断片》，渠敬东等译，上海人民出版社 2006 年版，第 140 页。
⑤ 阿多诺：《文化工业再思考》，载陶东风、金元浦、高丙中主编：《文化研究》第 1 辑，第 198 页。

"当人们谈论文化的时候，恰恰是在与文化作对。"① 他甚至提出文化企业都应该关闭："如果绝大多数的电台和电影院都关上了大门，消费者恐怕也不会失掉多少东西吧。"② "文化工业不断在向消费者许诺，又不断在欺骗消费者。它许诺说，要用情节和表演使人们快乐，而这个承诺却从没有兑现。实际上，所有的诺言都不过是一种幻觉：它能够确定的就是，它永远不会达到这一点"③，"今天，文化与娱乐的结合不仅导致了文化的腐化，同时也不可避免会产生娱乐知识化的结果"④。"文化工业把娱乐变成了一种人人皆知的谎言，变成了宗教畅销书、心理电影以及妇女系列片都可以接受的胡言乱语，变成了得到人们一致赞同的令人尴尬的装饰。"⑤

文化工业理论主要采取的是反对工具理性的态度，阿多诺和霍克海默尔对资本主义的操纵机制与福特式文化生产的批判都体现出西方马克思主义的立场。他们的文化趣味，与利维斯的文化批评有很多相似之处。他们的批判理论，在美

① 马克斯·霍克海默、西奥多·阿道尔诺：《启蒙辩证法——哲学断片》，渠敬东等译，上海人民出版社 2006 年版，第 118 页。
② 马克斯·霍克海默、西奥多·阿道尔诺：《启蒙辩证法——哲学断片》，渠敬东等译，上海人民出版社 2006 年版，第 125 页。
③ 马克斯·霍克海默、西奥多·阿道尔诺：《启蒙辩证法——哲学断片》，渠敬东等译，上海人民出版社 2006 年版，第 126 页。
④ 马克斯·霍克海默、西奥多·阿道尔诺：《启蒙辩证法——哲学断片》，渠敬东等译，上海人民出版社 2006 年版，第 129 页。
⑤ 马克斯·霍克海默、西奥多·阿道尔诺：《启蒙辩证法——哲学断片》，渠敬东等译，上海人民出版社 2006 年版，第 130 页。

国本土的马克思主义社会学者米尔斯（C. Wright Mills）的《权力精英》（*The Power Elite*，1956）和文化传播学者尼尔·波兹曼（Neil Postman）的《娱乐至死》、马克·鲍尔莱恩（Mark Bauerlein）的《最愚蠢的一代：数码世代如何麻痹了年轻的美国人并威胁着我们的未来》等著作中也获得了连绵不断的回应。

倡导批判理论和提出"文化工业"思想的学者认为大众文化的受众们在消费时缺少辨别力和批判性，忽视了大众文化文本复杂的社会作用和丰富性，因此也被评价为"悲观主义的精英主义者"。这种文化理论和文化分析"对权力的攻击往往终止于自顾自地揭露他人如何是文化骗子"，忽略了受众的"能动性"和"谈判"。[1] 这样的批评是有道理的。即使在法兰克福学派内部，也不乏反对这种悲观主义的声音。比如瓦尔特·本雅明（Walter Benjamin）在《机械复制时代的艺术作品》（1936）等著作中体现出的大众文化思想就与阿多诺的文化工业理论相差甚远。本雅明是法兰克福学派内更为复杂的一位学者，他"将马克思主义、超现实主义、犹太教神秘哲学、弥赛亚神学和先锋美学混合在一起"[2]，

---

[1] 约翰·斯道雷：《文化研究：一种学术实践的政治，一种作为政治的学术实践》，和磊译，载陶东风主编：《文化研究精粹读本》，中国人民大学出版社 2006 年版，第 90 页。

[2] 特里·伊格尔顿：《异端人物》，刘超、陈叶译，江苏人民出版社 2014 年版，第 81 页。

他在《机械复制时代的艺术作品》一书中分析了摄影和电影等复制技术如何改变了艺术作品的独一无二性和"光晕"（aura），既为"独一无二"的"光晕"的消逝感到伤感，也看到了新的媒介和生产方式有可能带来的大众文化所蕴藏的民主化力量，以及解放和变革的潜能，发现了新的大众文化具有的展示价值。在《作为生产者的作者》（The Author as Producer）里，本雅明也对技术和媒介的发展持有一种更为开放的乐观态度，认为大众文化可以促进民众通过它们建构自己的身份、一起推动共同的文化，大众文化也可以成为反对力量。

第三节 ：
文化斗争的辩证法 ：

　　继利维斯之后，英国学者将英国原有马克思主义文学研究传统同英国现代文学研究成果相结合，加强了对大众文化和工人阶级文化的研究，并与法兰克福学派的批判理论进行对话。大众文化的内涵开始经由蕴含道德审判意味的 mass culture 向更具中性色彩的 popular culture 转变，由此开创了英国大众文化研究的新阶段。

　　从某种意义上说，英国文化研究关于文化的所有讨论，都与大众文化有关。在文化的定义过程中，英国文化研究并非没有争议。当威廉斯提出"文化是平常的""文化是整体的生活方式"时，汤普森却把文化界定为"整体的斗争方式"。汤普森和威廉斯发生了多次辩论。汤普森认为威廉斯的文化概念缺乏差异论与动力论的视角，他在《新左派评论》发表了带有质疑性的长文，在《共有的习惯》一书的序言中再次表示：威廉斯的文化观不符合马克思关于阶级社会中"社会存在决定社会意识"的观点，建议把文化定义从"文化是生活方式"改为"文化是生长方式"或"冲突方式"

和"斗争方式"。<sup>①</sup>作为文化研究之父，霍加特对待流行文化的态度是非常微妙的，他对大众文化既冷嘲热讽，也肃然起敬，因此被冠以"左派利维斯"的名号。在经历了葛兰西转向之后，英国大众文化研究也发生了范式转换，文化乐观论也随之出现。

## 一、葛兰西转向与大众文化研究的范式转换

英国文化研究内部的辩论或争鸣推动了文化研究学者对文化的界定。从整体上看，文化研究的学者更倾向于另外一个界定：文化是斗争的战场。CCCS 第三任主任理查德·约翰逊曾经对文化研究的前提有过三点归纳，其中一点就是：文化既非自治的也不是外在地决定的领域，而是社会差异和社会斗争的场所。<sup>②</sup>

在研究文化的视角上，英国文化研究经历了两次重要的范式转换：第一次是从"文化主义"转向阿尔都塞的结构主义，从认为"文化是人民自己创造的"转向"文化是强加在人民之上的"；第二次是从结构主义转向葛兰西的霸权理论，从强调"文化是强加在人民之上的"转向"文化是斗争的战

---

① E. P. Thompson, "The Long Revolution II", *New Left Review*, 1961, 10: 34.
② 理查德·约翰生：《究竟什么是文化研究》，陈永国译，载罗钢、刘象愚主编：《文化研究读本》，中国社会科学出版社 2000 年版，第 5 页。

场"。自霍尔 1968 年主持 CCCS 中心工作以来，阿尔都塞的意识形态理论开始在英国文化研究中盛行，成为文化研究的重要理论资源。在很长一段时间里，英国文化研究特别关注媒体的意识形态的效果和影响，以至于有人把意识形态看成文化研究中最重要的范畴。[①] 在阿尔都塞看来，主体是被意识形态建构和召唤出来的，人们的思想和行动必然受到意识形态国家机器（家庭、学校、语言、媒体、政治制度等）的影响和渗透。阿尔都塞对意识形态的定义，改变了威廉斯等人"文化主义"研究的范式（强调人的经验和主观能动性等），使得文化研究者能以更复杂的目光对待种种文化现象。不过，这种研究视角也有弊端，它夸大了意识形态的思想控制，忽视了人的抗争。因此，1970 年以来，文化研究又引进了葛兰西的"霸权"（hegemony，也译作"领导权"）理论，以纠正阿尔都塞理论的偏颇，使文化研究开启了新的思路。

葛兰西所说的"霸权"，是指统治阶级将于己有利的价值观和信仰普遍推行给社会各阶级这一过程。这一过程的实现主要依靠的不是暴力，而是精神和道德的领导，依靠大部分社会成员的自发认同，这是一个赢得共识的过程。霸权不是一成不变的，而是处于一种动态的平衡状态。霸权秩序具

---

① 格莱姆·透纳：《英国文化研究导论》，唐维敏译，亚太图书出版社 1998 年版，第 230 页。

有临时性，它既可以得到，又随时会失去：一个社会集团能够也必须在赢得政权之前开始行使"领导权"（这就是赢得政权的首要条件之一），当它行使政权的时候就最终成了统治者，但它即使牢牢地掌握住了政权，也必须继续以往的"领导"。[①] 这样，阿尔都塞所说的个体被召唤为主体、对个人来说无可奈何的意识形态领域，就成为一个谈判、协商、对话和斗争的场所，文化／意识形态是霸权的生产和再生产的主要场所——不断赢得对于统治和服从关系的认可。

在葛兰西霸权理论的启发下，文化研究认为，文化既不是一个"真正的"敌对阶级的文化（或任何其他从属的文化），也不是由文化工业所施加的文化，而是一个处于两者之间的"折中平衡"。[②] 也就是说，文化是一个冲突力量的混合体，这些力量既来自"下层"，也来自"上层"，既是"商业"的，也是"本真的"，既是"抵抗"的，也是"团结"的，"结构"和"主体"都参与其中。媒体、大众文化和亚文化是霸权实施和争夺的主要场所，是统治集团与附属集团为了各自的利益而进行斗争和协商的竞技场。霍尔的《文化研究：两种范式》（1972）、《编码，解码》（1973）、《解

---

[①] 安东尼奥·葛兰西；《狱中札记》，曹雷雨、姜丽、张跣译，河南大学出版社 2016 年版，第 38 页。

[②] Antonio Gramsci, "Hegemony, Intellectuals and the State", in John Storey, ed., *Cultural Theory and Popular Culture: A Reader*, second edition, London: Prentice Hall, 1997, p.211.

构"大众"笔记》（1981）等重要论文都熟练地运用了霸权理论。

比如，霍尔在《编码，解码》一文中，根据读者/观众/消费者对文本意义的形成或生产的作用，建构了一套"受众立场"的理论，并提出了"文本"的三种解码立场："支配—霸权式立场""协商的符码或立场""对抗的符码立场"。[①] 戴维·莫利的《〈全国新闻〉节目受众：结构与解码》（1980）对这一理论做出了修正，充分重视了话语（discourse）和主观性因素：受众对文本的解读始终是文本话语与受众话语之间进行的互动行为。[②] 这些都是葛兰西转向后的大众文化研究成果。

霍尔的《解构"大众"笔记》是英国文化研究中非常重要的大众文化研究文献。霍尔在文中不赞同法兰克福学派和阿诺德、利维斯等人的精英主义立场[③]，但他同时也不赞同把大众文化视为自治的文化，而是认为大众文化与统治文化之间保持着"持续性的张力"（关系、影响和对抗），因为"所有的文化形式都是对立的，由对抗的和不稳定的因素

---

① 斯图亚特·霍尔：《编码，解码》，王广州译，载罗钢、刘象愚主编：《文化研究读本》，中国社会科学出版社 2000 年版，第 356—358 页。

② David Morley, *The "Nationwide" Audience: Structure and Decoding*, London: BFI, 1980.

③ 斯图亚特·霍尔：《解构"大众"笔记》，戴从容译，载陆扬、王毅选编：《大众文化研究》，上海三联书店 2001 年版，第 47 页。英文见 Stuart Hall, "Notes on Deconstructing 'the Popular'", in R. Samuel, ed., *People's History and Socialist Theory*, London: Routledge & Kegan Paul, 1981, pp.226-239.

组成"。<sup>①</sup> 霍尔认为，大众文化既不是大众的、完整的、自足的和真正的文化（文化主义），也不是统治阶级实行霸权的场所，而是大众与统治阶级之间的对抗的文化场域。"对抗和斗争"的形式主要有"吸收、歪曲、抵抗、协商、复原"等。<sup>②</sup> 霍尔曾经这样论述大众文化的流动性：

> 文化形式的意义和它在文化场域中的处所或位置并非铭刻在文化形式内部。它的位置也不是一成不变的。今年的激进符号或口号会被中和为明年的时尚；而到后年，又会成为深沉的文化怀旧的对象。今天的叛逆民谣歌手，明天或许就会荣登有自由主义倾向的《观察家》杂志的彩色封面。文化符号的含义部分来自它被收编的社会领域、它所接合和回应的实践。重要的不是固有的或由历史决定的文化对象，而是文化关系中的发展运作状态，用直率和过于简单的话说就是，重要的是文化内部和针对文化的阶级斗争。<sup>③</sup>

① 斯图亚特·霍尔：《解构"大众"笔记》，戴从容译，载陆扬、王毅选编：《大众文化研究》，上海三联书店 2001 年版，第 51 页。
② 斯图亚特·霍尔：《解构"大众"笔记》，戴从容译，载陆扬、王毅选编：《大众文化研究》，上海三联书店 2001 年版，第 51—52 页。
③ 斯图亚特·霍尔：《解构"大众"笔记》，戴从容译，载陆扬、王毅选编《大众文化研究》，上海三联书店 2001 年版，第 51 页。根据英文有改动。

　　霍尔的这一观点，体现了"葛兰西转向"之后的文化研究的趋势。这种观点认为：对大众文化来说，最关键的是发现它们与权力的关系，这种关系使亚文化、大众文化与主导文化之间保持持续的张力（关系、影响和对抗）。这是围绕文化的辩证法建立起来的一个文化概念。霍尔认为，文化斗争有很多形式：收编、歪曲、抵抗、协商、复原。包括大众文化在内的文化领域"存在着抵抗的时刻，也存在着更迭的时刻"，他将这种状态概括为"文化斗争的辩证法"。他指出："在我们的时代，这个辩证法一直持续着，沿着对抗与接受、拒绝与投降的复杂路线前进，使文化领域变成一个持续的战场。在这个战场上不会有一锤定音的胜利，总是有战略高地被夺取或丢失。"[1]

　　霍尔在这里所说的"文化斗争的辩证法"，主要来自葛兰西的霸权理论，同时也借鉴了威廉斯在《马克思主义与文学》一书中的文化形态划分方法。按照威廉斯的说法，社会的文化形态可以分为主导文化（the dominant culture）、残余文化（the residual culture）和新兴文化（the emergent culture）三种，主导文化是代表一个社会主流价值观的文化，残余文化是形成于过去但现在依然有效的文化，新兴文化与

---

[1]　斯图亚特·霍尔:《解构"大众"笔记》，戴从容译，载陆扬、王毅选编:《大众文化研究》，上海三联书店 2001 年版，第 48—49 页。

某一阶级的兴起及其力量壮大有关，是新的意义和价值、新的实践、新的关系及关系类型，存在于"那些要取代主导的或与主导对立的因素的社会基础"之中，往往代表着一种情感结构。[①] 三种文化力量都把文本朝不同的方向牵引，这意味着文化是矛盾的、复杂的、充满冲突和意义的斗争，也意味着文化是流动的：主导文化可能成为残余文化，新兴文化则可能成为主导文化，"新兴的力量穿着古老历史的外衣重新出现；新兴的力量，指向未来，丧失了预言的能力后，变成了单纯的怀旧；今天的文化裂缝可以复原，成为明天主流的价值和意义体系的支柱。斗争仍然继续，但几乎从不在同一个地方，围绕同一个意义或价值"[②]。这是因为主导文化总是不足的，"从来没有任何一种生产方式，因此也从来没有任何一种占据统治地位的社会制度或任何一种主导文化可以囊括或穷尽所有的人类实践、所有的人类能量以及所有的人类目的"[③]。这就是说，应该用动态的眼光看待文化，将其视为一个历史过程而非结果。

根据这样的思路，霍尔为大众文化做了一个界定："对大众文化的定义来说，最关键的是与统治文化之间的关系，这

---

① 雷蒙德·威廉斯：《马克思主义与文学》，王尔勃、周莉译，河南大学出版社2008年版，第129—135页。
② 斯图亚特·霍尔：《解构"大众"笔记》，戴从容译，载陆扬、王毅选编：《大众文化研究》，上海三联书店2001年版，第53页，译文有改动。
③ 雷蒙德·威廉斯：《马克思主义与文学》，王尔勃、周莉译，河南大学出版社2008年版，第134页。

种关系用持续性的张力（关系、影响和对抗）来界定'大众文化'。这是围绕文化的辩证法建立起的文化概念。"① 简言之，大众文化就是和统治文化保持着持续性的张力（关系、影响和对抗）的文化形式和文化活动。很明显，这非常接近前文约翰·斯道雷提出的大众文化定义中的第五种定义。

## 二、文化乐观论和大众文化研究

文化乐观论是文化研究领域中很有代表性的大众文化理论。文化乐观论与文化悲观论（以阿多诺等为代表）相对，对文化的商业化持积极态度，美国学者泰勒·考恩（Tyler Cowen）在《商业文化礼赞》一书里对此有过精彩的概括。② "文化乐观论"的主要观点是：艺术在现代资本主义制度中得到繁荣发展；市场经济促进了艺术家的独立性，使其从文化消费者的直接需求中被解放出来；技术进步使文化受益匪浅，金钱是实现创造性表现和艺术交流的途径；发育良好的市场拥有各种机制来支持文化的多样性，把艺术家从主流市场兴趣的潜在专制下解放出来；资本主义的财富和文

---

① 斯图亚特·霍尔：《解构"大众"笔记》，戴从容译，载陆扬，王毅选编：《大众文化研究》，上海三联书店 2001 年版，第 51 页。
② 泰勒·考恩：《商业文化礼赞》，严忠志译，商务印书馆 2005 年版，绪论，第一章和第五章。

化多样性增加了艺术家培育批评者和受众的自由。[①]

这种"文化乐观论"在文化研究学者约翰·费斯克那里表现得尤为突出。

费斯克（1939—2021）原籍英国，先后在英国、澳大利亚和美国任教，是当代大众文化研究领域的重要学者。费斯克和伯明翰学派一样，也受到了葛兰西转向的影响，在书中他也多处引用霍尔的理论观点，认为大众文化是斗争的战场："大众文化一直是权力关系的一部分，它总是在宰制与被宰制之间，在权力以及对权力所进行的各种形式的抵抗或规避之间，在军事战略与游击战术之间，显露出持续斗争的痕迹。"[②] 但是他更多地受到了法国学者德赛都的影响，主张一种乐观的大众文化论，也被称为是"激进的民粹主义"的代表。

所谓"民粹主义文化"（cultural populism），用麦克盖根的话就是：吸引普通百姓的任何形式的文化都可称为"民粹主义文化"，"文化民粹主义是由一些通俗文化专业学人所作的知识分子式的界定，认为普通百姓的符号式经验与活动比大写的'文化'更富有政治内涵，更费思量"。[③] 麦克盖根认

---

① 泰勒·考恩：《商业文化礼赞》，严忠志译，商务印书馆 2005 年版，第 20—37 页。
② 约翰·费斯克：《理解大众文化》，王晓珏、宋伟杰译，中央编译出版社 2001 年版，第 25 页。
③ 吉姆·麦克盖根：《文化民粹主义》，桂万先译，南京大学出版社 2001 年版，第 4 页。

为，伯明翰学派与民粹主义的共同点就是重视普通人特别是工人阶级的生活方式和文化，但具体轨迹分成两条路线：霍加特等人属于第一条，把通俗文化市场和大众文化消费完全对立起来，鄙夷和批评富有商业因素的大众文化；费斯克等人属于第二条，是不加批判地对大众的通俗文化消费加以庆贺。[①]

费斯克在《理解大众文化》（1989）一书中积极为大众文化及其受众正名，他认为："大众文化是大众创造的，而不是加在大众身上的；它产生于内部或底层，而不是来自上方。"[②] 费斯克明确反对法兰克福学派的"文化工业"，他认为："大众文化是由大众而不是由文化工业促成的。文化工业所能做的一切，乃是为形形色色的'大众的层理'制造出文本'库存'或文化资源，以便大众在生产自身的大众文化的持续过程中，对之加以使用或拒绝。"[③] "大众文化是大众在文化工业的产品与日常生活的交界面上创造出来的。"[④]

费斯克在该书中以牛仔裤的流行作为切入点，提出"文

---

① 吉姆·麦克盖根：《文化民粹主义》，桂万先译，南京大学出版社2001年版，第54—55页。
② 约翰·费斯克：《理解大众文化》，王晓珏、宋伟杰译，中央编译出版社2001年版，第31页。
③ 约翰·费斯克：《理解大众文化》，王晓珏、宋伟杰译，中央编译出版社2001年版，第29页。
④ 约翰·费斯克：《理解大众文化》，王晓珏、宋伟杰译，中央编译出版社2001年版，第31页。

化关注的是意义、快感、身份认同，而不是功效"①。"大众文本是被使用、被消费、被弃置的，因为其功能在于，它们是使意义和快感在社会中加以流通的中介"，大众文本所需要提供的"大众意义"则"从文本与日常生活之间的相关性中建构出来"。② 这几句论述堪称全书的引子。

费斯克以"电视"为例，把通俗文化的生产和流通分成两部分："金融经济"和"文化经济"。在金融经济中，生产者利用所有的人力和物力资源，生产出具体的物质商品和文化商品，在这一过程中金融资本可以部分决定生产的内容与结构。电视的金融经济体现为演播室生产某个节目，将其卖给经销商以谋求利润："一个电视节目的经济功能，并未在它售出之后即告完成，因为在它被消费的时候，它又转变成一个生产者。它产生出来的是一批观众，然后，这批观众又被卖给了广告商。"③ 而在文化经济的生产中，交换和流通的是意义、快感和社会身份。在这一过程中，受众成为主体，他们利用前一过程生产出的文化产品，自主地进行创造性的使用。在文化经济中，观众从商品变成了意义和快感的生产者。快感是统治者难以控制的文化经济的产品，大众快感的

① 约翰·费斯克：《理解大众文化》，王晓珏、宋伟杰译，中央编译出版社 2001 年版，第 5 页。
② 约翰·费斯克：《理解大众文化》，王晓珏、宋伟杰译，中央编译出版社 2001 年版，第 149—153 页。
③ 约翰·费斯克：《理解大众文化》，王晓珏、宋伟杰译，中央编译出版社 2001 年版，第 32 页。

运作方式分为两种：一种是躲避（或冒犯）的快感，另一种是生产的快感。费斯克提出了一个有趣的概念——生产者式文本，用来描述"大众的作者式文本"，这种文本像"读者式文本"一样容易理解，又像"作者式文本"一样具有开放性。与快感理论息息相关的是"大众文化迷"的生产力问题。费斯克认为大众文化迷具备辨识力和生产力，他们的着迷行为激励自己去生产自己的文本，他们很重视和社会有相关性的创造力，包括对某一种大众文化或运动的常识或规则的知识，也就是文化能力。

费斯克并不一味关注大众文化的商业化和被"收编"的过程，而是探究"大众的活力与创造力"。[①] 他认为，亚文化在消费大众文化的商品时，被收编后，变成大众文化，这并不会导致亚文化失去抵抗意义。相反，亚文化一直在进行着反收编，对付、规避或抵抗"宰制性力量"。青少年亚文化迷（fans）依然有活力和创造力（辨识力和生产力），他们能够对文化商品进行反抗式解码，利用商品进行"反收编"，在符号的"游击战"中对付、挑战强势者所宰制的社会秩序，在拼贴和再创造中"生产"快感和意义。他甚至极端地说："读者是文化生产者，而非文化消费者。"[②]

---

① 约翰·费斯克：《理解大众文化》，王晓珏、宋伟杰译，中央编译出版社 2001 年版，第 27 页。
② 约翰·费斯克：《理解大众文化》，王晓珏、宋伟杰译，中央编译出版社 2001 年版，第 179 页。

费斯克超越了法兰克福学派的悲观主义观点，以乐观的态度看待大众文化，他的影响和贡献是巨大的。然而，他将资本的支配权与大众的选择权混为一谈，将文化研究简化为解释抵抗性消费的模式，从而偏离了文化研究的一种批判立场。尽管费斯克将自己的这种大众文化研究策略称为"乐观的怀疑主义"，但他招致了许多批评。学者赵斌在该书的中文序言中指出："费氏的理论折中也是幌子，大概为的是掩盖他分析中严重倾斜或干脆一边倒的做法。""读者应该不难看出，在这里盲目乐观是真的，怀疑则是假的。""费氏正是本着这种即便真诚也是自欺欺人的乐观主义去解读流行文化现象的。"① 这样严厉的批评出现在一本书的序言里实属罕见。

英国学者麦克盖根也曾经激烈地否定过费斯克（菲斯克）的理论，认为他是"不加批判的民粹主义和消费至上主义"，这种"符号学民主"的理论模式与自由市场经济中的"消费至上"的理念极其相似，"在菲斯克的概念序列中，'人民'根本没有被提供物品的具体化怪物所压迫或否定"② 。他连续使用了两次"狡猾"来描述费斯克赞颂的"消费者"：

---

① 约翰·费斯克：《理解大众文化》，王晓珏、宋伟杰译，中央编译出版社 2001 年版，第 III 页。
② 吉姆·麦克盖根：《文化民粹主义》，桂万先译，南京大学出版社 2001 年版，第 82 页。

　　菲斯克的普通人是一个狡猾的消费者，利用一切可能的条件，精心盘算，讨价还价。……失业青年的"狡猾"（改换衣服上的价格标签，等等）与"策略"（例如先试穿一件夹克衫，然后穿着它走掉）被与 20 世纪 60 年代越共在抵抗美军时使用的生存战略相比较，这种比较是漫不经心的，既不足与沼泽中的游击战之危险同提，也不足与商店里的小偷并论。①

　　麦克盖根这里的批评尽管看似犀利无比，但似乎也有吹毛求疵之嫌。费斯克讨论的大众文化迷本来就是符号领域发生的对资产阶级的抵抗，怎么能够和真刀真枪地与"美帝"拼命的越共游击队员相提并论呢？说到底，亚文化迷和反文化者还是有许多区别的，陶醉于摇滚乐的牙买加小混混毕竟成不了荷枪实弹的黑豹党。不过，麦克盖根有一点批评还是有道理的，即"不加批判的民粹主义"是值得怀疑的。不管对市场和商业再怎么乐观，收编对亚文化确实造成了消解，仅仅依靠纯粹的消费是无法改变这一事实的，"对通俗文化不恰当的赞誉是看不到权力关系，看不到主流文化与从属之

---

① 吉姆·麦克盖根：《文化民粹主义》，桂万先译，南京大学出版社 2001 年版，第 83 页。

间的辩证性"① 的。麦克盖根的这一批评，倒是说中了费斯克的要害。以"性手枪"为例，一旦"性手枪"被市场完全收编，被主流文化控制，他们还能够保留原有的创作权吗？他们是否还会创作出像《上帝保佑女王》那样尖锐的歌曲？即使能够创作出来，他们是否会在通过政府的审查之前就被经纪人和唱片公司封杀？拒绝收编，亚文化就会在很大程度上失去安身立命的基础；接受收编，就意味着商业化，意味着在一定程度上要顺从另外一套规则，面临着被操纵和被解构的威胁。这莫非是通过风格在体制内进行抵抗的大众文化迷无法逃避的宿命？正如一位乐评人在评论摇滚乐亚文化时所说的那样：

> 一旦具有高度原真性、从某种青年亚文化胚胎诞生出来的创作开始广受欢迎时，这个创作者、这个音乐类型就会开始被商业体制吸收、榨干，直到缺乏活力而被抛弃。但是，接下来又必然会有新的声音、新的亚文化在体制的边缘爆发。然后，他们可能又开始成为新的摇滚巨星，于是又有更多唱片公司要搭上风潮复制这些音乐，接着这种新音乐又

---

① 吉姆·麦克盖根：《文化民粹主义》，桂万先译，南京大学出版社 2001 年版，第 83 页。

必然注定老化与死亡。摇滚乐中的政治反叛因子亦然，历史于是不断轮回……①

这里，我们再次发现，英国文化研究在许多方面（如在对待大众文化的态度上）和法兰克福学派分道扬镳之后，又不可避免地与阿多诺等人相遇。阿多诺所说的整合一切异己力量的"文化工业"，在亚文化的收编中，又隐隐发挥着自上而下的统治作用。从对资本主义中的"整合"和"收编"的国家机器的批判这一点上看，西方马克思主义者再次殊途同归了。

## 三、大众文化的收编与亚文化资本

如果细读费斯克的《理解大众文化》《解读大众文化》（1989）等著作，我们会发现，费斯克所说的"大众文化"和阿多诺在《启蒙辩证法》中所说的"大众文化"有很大不同，在很大程度上它们是亚文化群所热衷的符号体系，包括使用了商业符号的亚文化和被市场及大众文化收编后的亚文化，具有强烈的亚文化特色。正如费斯克所说的："游击战或大众文化的要旨在于它是不可战胜的。尽管资本主义有近

① 张铁志：《声音与愤怒：摇滚乐可能改变世界吗?》，广西师范大学出版社 2008 年版，第 26 页。

两百年的历史，被支配的亚文化却一直存在着，并永不妥协地抗拒着最后的收编——这些亚文化中的民众一直在策划着'撕裂着他们自己的牛仔裤'的新方法。"① 很明显，费斯克在这里是把大众文化和亚文化"打包"在一起加以论述的。

亚文化经常借用大众文化的符号和资源，有时候也会被收编而变成大众文化的一部分，因此与大众文化产生了很多交集，有时很难区分，很容易混淆。正是由于亚文化与大众文化存在着如此复杂的关系，亚文化往往显得暧昧而复杂。它有时站在反霸权立场，代表弱势群体利益，有时又因大众文化的"召唤"在"协商"中呈现妥协姿态，在商业的收编和裹挟中"半推半就"，以令人震惊的"风格化"姿态用这一"亚文化资本"去换取经济资本和社会资本，成为流行时尚和市场的同谋，不同程度地消解抵抗性。

## 1. 大众文化与亚文化

大众文化是旨在使大量普通市民获得感性愉悦的日常文化形态，从根本上说具有娱乐文化的性质。大众文化的受众远比亚文化要多得多，这与亚文化的抵抗性、边缘化有明显的关系。海费勒认为："亚文化通常通过一些较少的战略或

---

① 约翰·费斯克:《理解大众文化》，王晓珏、宋伟杰译，中央编译出版社 2001 年版，第 25—26 页。

手段来传播。根据定义，亚文化不享有群众吸引力，不能动员营销人员和其他专业人员。事实上，有时候亚文化主义者反对增加知名度，担心他们太'张扬'，从而失控，破坏其真实性。"[①] 这揭示了亚文化的小众化和非娱乐化的特点。但是，大众文化和亚文化并非水火不容，相反，它们常常相互借用和催生，正如伯明翰学派的麦克罗比所说的那样："亚文化活动已经远远超出了青年文化的范围，成了更宽泛的大众文化的一部分，而大众文化又不断在青年文化的创造性因素当中寻找灵感，以保持自身的活力。"[②]

比如，大众文化与亚文化经常共享着相同或相似的符号。以 20 世纪 60 年代的英国工人阶级青年亚文化为例，工人阶级青年亚文化主要受到两种文化的影响：传统工人社区的街角文化（英式足球、酒吧、跳舞和闲逛等）和媒介文化（音乐、时装、杂志、电视和电影），后者本质上属于大众文化。当时各种工人阶级青年亚文化群体借用、盗用大众文化的符号，把不同的服饰、音乐、影视元素等文化商品作为半成品和原料，进行拼贴、戏仿和即兴改编，形成了具有独特风格的亚文化群体如摩登族、朋克、摇滚族、光头仔等。相应地，大众文化也常常从亚文化那里汲取灵感和资本，进行

---

① Ross Haenfle, *Subcultures: The Basics*, London: Routledge, 2014, p.128.
② 安吉拉·默克罗比：《后现代主义与大众文化》，田晓菲译，中央编译出版社 2001 年版，第 200 页。

复制和大量生产，形成流行的时尚，如唱片公司对摇滚乐亚文化进行挖掘、包装、宣传，完成"收编"和"招安"，然后在市场上大批量推出，迎合青少年消费者的趣味并获利。有时候，大众文化也因此具有并增加了一定的抵抗性，成为主导文化和附属文化争夺的战场。

再如，大众文化和亚文化都需要依赖大众媒介和新媒介。青年亚文化的生成与传播经常需要依靠大众媒介。随着网络时代的到来，"共享媒体"（we media，也被译为"自媒体"）等新新媒介①的出现，实现了民众化转向或普通化转向（demotic turn）：普通人通过自制网页、微信公众号、谈话类广播、名人文化节目、真人电视节目等，把自己转变为媒介的内容，媒介越来越直接地参与建构文化认同，越来越多的能够自制内容并加以传播的"生产型用户"出现了。②新媒介增强了亚文化的传播能力，甚至改变了亚文化的边缘位置，各种亚文化现象纷纷被网络传媒催生出来，比如中国当下网络上各种"吧"里的粉丝群体，豆瓣网等社交网站上的各个小组，视频网上的 DIY 视频，恶搞歌曲，等等。

事实上，要严格区分青年亚文化与大众文化，在实践中

---

① "新新媒介"是美国学者莱文森提出的概念，其特征有：消费者都是生产者，非专业人士，可选择性，免费。各种新新媒介既互相竞争，又互相促进。主要包括博客、优视网、维基网、掘客网、脸谱网、推特网等。保罗·莱文森：《新新媒介》，何道宽译，复旦大学出版社 2011 年版，第 1—2 页。
② 格雷姆·特纳：《普通人与媒介：民众化转向》，许静译，北京大学出版社 2011 年版，第 3 页，第 105 页。

很容易受到挑战。不过，只要我们把握亚文化的抵抗性、风格化、边缘性以及小众化、原创性等特点，将其与大众文化的愉悦性、流行性、商品性、大量复制性相比较，也不难发现它们之间的主要区别。

## 2. 大众文化收编

消费市场和大众文化对亚文化的收编是很常见的事。在商业发展中，市场永远追求新奇和时尚，因此，当亚文化群体产生出新的、对抗性的风格时，这些风格很快就被流行市场"收集"。福克斯－杰诺韦塞（Fox-Genovese）这样描述市场对抵抗风格的兴趣："社会抗争转向成为流行的范畴……流行一再收集的，便是各种奇奇怪怪的东西。因为这种事本来就充满新奇，所以它必须不断地更新，并且用震撼人心的东西当作交易的工具。"[①] 在伯明翰学派看来，这种市场的"收集"和"交易"，就是商业市场对亚文化风格进行收编的开始。

亚文化的抵抗风格之所以能够被资本和市场加以整合和利用，这首先是因为，西方社会 1950 年以后出现的亚文化很大程度上是大众文化、娱乐工业和商品消费的产物，亚文

---

① Fox-Genovese, "The Empress' New Clothes: the Politics of Fashion", *Socialist Review*, 1987, 17(1):7-32. 转引自 S.B. 凯瑟：《服装社会心理学》（下），李宏伟译，中国纺织出版社 2000 年版，第 616 页。

化风格常常是体现在休闲中的风格和消费中的风格，"亚文化和为它服务同时也利用它的工业之间有着暧昧含糊的关系"①。霍尔在《流行艺术》中也说过："供应商已经很快利用这一易变的市场赚到了钱。这个市场很容易受到刺激，因为利润太高了，市场又对时尚高度敏感。供应商知道时尚和风格在控制青少年购买的流向上起着关键的控制作用……我们都容易受到时尚的蛊惑，而青少年看起来尤为如此。"②

亚文化会在市场中被收编，更重要的原因是，支配文化试图借助市场扩散亚文化的风格，使之离开产生亚文化的草根和地面，从而把它纳入支配文化的势力范围中。如赫伯迪格所说：

> 随着亚文化开始摆出明显的畅销姿态，随着亚文化语汇（视觉上的和言辞上的）变得越来越耳熟能详，产生它的参照语境可以毫不费力地被发现，也日渐清晰。最后，摩登族、朋克、华丽摇滚被收编了，向（主导意识形态）看齐，进而被优先定位于"问题丛生的社会现实的地图"中。在那里，涂抹唇膏的男孩"不过是喜欢打扮的孩子"，而那些

---

① Dick Hebdige, *Subculture: the Meaning of Style*, London: Methuen, 1979, p.94
② Stuart Hall and Paddy Whannel, *The Popular Arts*, Boston: Beacon Press, 1967, p.278.

穿着橡胶材质衣服的女孩"和你的女儿一样"。①

通过市场收编，亚文化风格的意义不再是颠覆性的，而是"重新向支配的意识形态靠拢"，从而使得亚文化失去了最初的抵抗意义。

不过，作为伯明翰学派的一员，麦克卢比在《后现代主义与大众文化》（1994）一书中对亚文化收编理论中的一些盲点有过质疑和反思，其中涉及亚文化风格和市场收编的关系：

在 20 世纪 70 年代后期如日中天的亚文化理论研究中，却存在着一些从未被提出来过的问题。比如，谁在做这样的事情（即亚文化生产）？这种风格的来源是什么？消费者和出售者都是什么样的人？更抽象一些来说，什么样的社会关系影响了亚文化的生产？制作那些海报甚至音乐本身需要什么样的技巧？……在迪克·赫伯迪格的著作里，他对这种亚文化的最终结果、它所制造出来的产品，以及这些产品所导致的意义变形探讨得很多，但是对

① Dick Hebdige, *Subculture: the Meaning of Style*, London: Methuen, 1979, p.94.

生产制造文化过程本身却没有涉及。①

　　在我看来，麦克卢比的批评中有一点最值得重视，那就是，亚文化群体本身对收编（市场和商品生产）的态度是怎样的？是不是都是拒斥的态度？有没有主动投靠的动机？亚文化群体在消费和市场中有没有主动性？对此很多学者一直语焉不详。

　　应该说，忽视亚文化群体在市场和生产中的兴趣和主动性，忽视亚文化群体在收编中的能动作用，这种倾向并非赫伯迪格个人所有，而是在整个亚文化理论界都普遍存在。麦克卢比曾经进行了细致的分析：

　　　　他们认为那些从事生产消费亚文化产品的人只不过从"外界"侵入了亚文化圈，借着某种与商业世界没有任何关系的东西为自己牟利，而亚文化现象本身既与商业没有关系，也对之不感兴趣。这样一来，音乐、时装和其他相关活动就好像是凭空进入亚文化理论研究的。②

　　　　回顾 20 世纪 70 年代后期关于朋克族的文学，

① 安吉拉·默克罗比：《后现代主义与大众文化》，田晓菲译，中央编译出版社 2001 年版，第 205 页。
② 安吉拉·默克罗比：《后现代主义与大众文化》，田晓菲译，中央编译出版社 2001 年版，第 205 页。

卖朋克衣饰极少受到注意这一点似乎很奇怪，另外，诸如麦尔克姆·麦克拉伦和薇薇安·韦斯伍德所经营的"性商店"，同时也是顾客和卖东西的人相互认识（后来他们会在酒吧或俱乐部里见面）的场所，这个事实也少被人提起。实际上，旧货市场和旧货店在整个国家扮演了相同的角色，买卖亚文化服装风格的意义，超出了单纯的一手交钱一手交货。当时的社会学家忽视这一社会现象，也许是因为对于他们来说，服装风格可以买卖这一概念和他们的信念太背道而驰了。[①]

应该说，麦克卢比的批评是切中肯綮的。伯明翰学派前期在收编理论方面的确存在盲点，那就是忽视了亚文化群体本身在市场化中的积极作用。根据麦克卢比的分析，其中的原因是："亚文化风格是可以买卖的"这一观念与"工人阶级青年亚文化是抵抗资产阶级霸权"的信念相去甚远，这使得亚文化的风格显得不再那么纯粹。麦克卢比认为：在朋克现象之后，这种浪漫化的观念未免太理想主义了。[②]麦克卢比主要结合了"朋克现象"中"二手衣服"和"旧货市场"

①　安吉拉·默克罗比：《后现代主义与大众文化》，田晓菲译，中央编译出版社2001年版，第175页。稍有改动。
②　安吉拉·默克罗比：《后现代主义与大众文化》，田晓菲译，中央编译出版社2001年版，第205页。

的研究进行了论证，她认为亚文化并非"本身既与商业没有关系，也对之不感兴趣"。"实际上，整个朋克文化都在利用大众媒体宣传自己，并且从最开始就开了一系列商店直接卖衣服给年轻人。"①"随着传统职业的消失，亚文化创造了许多新的工作机会。在这个不见诸文字记载的隐形经济领域，亚文化和演艺界各自创造了许多新的工作机会。"②

麦克卢比的说法很有意思，她认为亚文化早就被商业"污染"了，亚文化可以创造再就业的机会，亚文化居然可以创造职业，有创造企业的可能！麦克卢比甚至以"嬉皮士企业"为研究对象，列出了一个"亚文化企业"的清单："在英国，嬉皮士企业从理查·布兰森的'处女唱片'到为数极多的城镇里出现的各种店铺，不管是卖书、素食、香料、印度女外套、凉鞋，一概应有尽有，甚至包括小型艺廊，独立的电影院和伦敦的杂志《零时》。"③这个清单充分揭示了亚文化参与商业活动的多样性和主动性。

在麦克卢比看来，虽然亚文化的商业化使亚文化风格成了大众市场的商品，但它的政治意味并未就此消失，亚文化在被收编之后并没有远离对支配文化的反抗："我们完全不

① 安吉拉·默克罗比：《后现代主义与大众文化》，田晓菲译，中央编译出版社 2001 年版，第 205—206 页。
② 安吉拉·默克罗比：《后现代主义与大众文化》，田晓菲译，中央编译出版社 2001 年版，第 206 页，译文有改动。
③ 安吉拉·默克罗比：《后现代主义与大众文化》，田晓菲译，中央编译出版社 2001 年版，第 185—186 页。

必把这些活动看成纯粹商业性的亚文化低潮，远离对传统的反抗；恰恰相反，这些活动正好处于离经叛道的中心。""如果我们暂时解构一下'对抗'这个概念，把它放在日常生活的层次上来看待，那么我们就会看出亚文化企事业的发展实际上是在'文化的唯美化'（以工业退潮为背景）条件下谋生的手段，它是对社会进行反抗的一种特殊表现。"① 按照麦克卢比的说法，亚文化对亚文化风格的普及、推广和市场收编不但不是拒斥的，而且是倒屣相迎的——亚文化企事业是亚文化群体谋生的手段！即使"市场化"，即使被"收编"，亚文化同样也能够完成对抗！

麦克卢比对亚文化的企业化、市场化和商业化做出了描述，但这些亚文化企业如何进行运作？它们的资本从何而来？麦克卢比对此缺乏进一步的描述。这里，我们可以借助英国学者萨拉·桑顿（Sarah Thornton）提出的"亚文化资本"（subculture capital）来进行补充。"亚文化资本"是桑顿在《俱乐部文化：音乐、媒介和亚文化资本》（以下简称为《俱乐部文化》）一书中提出的概念，它揭示了权力和亚文化之间更为复杂和纠缠的关系。② 通过对英国青年文化的代

---

① 安吉拉·默克罗比：《后现代主义与大众文化》，田晓菲译，中央编译出版社2000年版，第206页。
② 萨拉·桑顿（1965—）的博士论文的导师是西蒙·弗里斯（Simon Frith），系伯明翰学派亚文化研究的经典文集《通过仪式抵抗：战后英国的青年亚文化》的作者之一。

表跳舞俱乐部和其分支"锐舞"文化的研究，桑顿认为，主流文化与亚文化之间并不是简单的对立关系，伯明翰学派把青年人的娱乐过分政治化了。

"亚文化资本"概念明显受到了法国社会学家皮埃尔·布迪厄的文化资本理论（《区隔》，1984）的启发。"亚文化资本"就是赋予了亚文化群体一定地位的文化资本，是俱乐部亚文化进行"贸易"的货币，时尚的发型，精心收集的盒带，"懂行的"（in the know）的形式[1]，"颓废性"、要酷、即兴表演都属于"亚文化资本"。要拥有"颓废性"，就要懂得关于颓废舞蹈唱片的知识，穿得体的服装，这样才能创造亚文化自身的独特性。"亚文化资本"虽然不能像文化资本一样轻易获得经济上的回报，但当它转化为经济资本时，作为"颓废"的结果，一系列职业和收入就产生了：音乐节目主持人、俱乐部的组织者、服装设计师、音乐和时尚期刊以及各种盒带工业职业都要依靠"亚文化资本"谋生，而且从事俱乐部文化职业的人经常获得令人沾沾自喜的尊敬。[2]

把桑顿的"亚文化资本"这个概念和麦克卢比的"亚文化企业"联系在一起，我们就能够更全面地理解亚文化对商

---

[1] Sarah Thorton, *Club Culture: Music, Media and Subculture Capital*, Middletown: Wesleyan University Press, 1996, pp.11-12.

[2] Sarah Thorton, *Club Culture: Music, Media and Subculture Capital*, Middletown: Wesleyan University Press, 1996, p.12.

业收编的态度。和赫伯迪格和克拉克的观点不同，亚文化对商业收编并不是完全排斥的，它从一开始就在利用资本主义市场进行着"贸易交换"，其主要的货币是"亚文化资本"，也就是亚文化"独特的风格"，并且以此作为谋生和获益的手段。这样，亚文化就在其本来试图抵抗的资本主义体制中进行着抵抗，这种抵抗，难逃妥协和退让，难免让人产生一种"孙悟空不能逃脱如来佛的手掌心"的感觉。这也是亚文化风格抵抗的局限性的再次体现。

在谈到翻译的难度和效果时，本雅明在《译作者的任务》一文中有过这样的论述："译作者的任务是在译作的语言里创造出原作的回声。""一部真正的译作是透明的，它不会遮蔽原作，不会挡住原作的光芒，而是通过自身的媒介加强了原作，使纯粹语言更充分地在原作中体现出来。"[①]

由于存在着语言和语境的差异，国人对文化研究的研究一定程度上也属于本雅明所说的翻译，这本小书也是一次"创造出原作的回声"的粗浅尝试。至于它是在遮蔽原作还是加强原作，就需要读者诸君的检验了。

在这本小书里，我们匆匆地回顾了文化研究的话语与实

---

① 瓦尔特·本雅明：《译作者的任务》，载汉娜·阿伦特编：《启迪：本雅明文选》，张旭东、王斑译，生活·读书·新知三联书店 2014 年版，第 88 页，第 91 页。

践，打量了文化、亚文化、大众文化等文化研究的重要研究领域，还有很多奇异的风景来不及领略，如意识形态、主体、阶级、媒介、认同、身体、空间、后人类、种族、性别、事件、记忆、情动、视觉文化等等，但也只有留待他日再讨论了。

文化研究经典著作《想象的共同体》的作者本尼迪克特·安德森（Benedict Anderson）曾经在回忆录里这样写道：

> 在印度尼西亚，当有人问你要去哪里，而你要么不想告诉他们要么尚未决定的时候，你回答说"lagi tjaji angin"，意思是"我在等风"，好像你是一艘帆船，正在驶出港口冲向浩瀚的大海……学者们倘若对自己在一门学科、一个系或者一所大学中的地位感到舒服自在，就会设法既不驶出港口，也不等风。但值得珍视的是等风的准备，以及当风朝你的方向吹来的时候去追风的勇气。[①]

这段话给我的启示是：文化研究学者需要具有打破学科

---

① 本尼迪克特·安德森：《椰壳碗外的人生：本尼迪克特·安德森回忆录》，徐德林译，上海人民出版社 2018 年版，第 204—205 页。

壁垒、介入现实的勇气和强烈的问题意识。只有走出舒适圈，时刻等风来，勇敢地迎接风暴，乘风破浪，才能在社会实践的海阔天空中思考文化研究的路径与使命，才能使文化研究拥有面对未来世界的精神力量。

那么，就让我们一起等风来，一起远行吧。

## 研讨专题

1. 大众文化的代表性定义有几种？哪一种最符合英国文化研究的主张？

2. 大众文化理论流派的两分法和四分法的具体内容是什么？

3. 文化工业理论有哪些主要主张？

4. "葛兰西转向"对大众文化理论有着怎样的影响？

## 拓展研读

1. ［英］安吉拉·默克罗比：《后现代主义与大众文化》，田晓菲译，中央编译出版社 2001 年版。

2. ［美］约翰·费斯克：《理解大众文化》，王晓珏、宋伟杰译，中央编译出版社 2001 年版。

3. ［英］约翰·斯道雷：《文化理论与大众文化导论（第七版）》，常江译，北京大学出版社 2019 年版。

4. ［德］马克斯·霍克海默、西奥多·阿道尔诺：《启蒙辩证法——哲学断片》，渠敬东等译，上海人民出版社 2006年版。

5. ［美］理查德·凯勒·西蒙：《垃圾文化——通俗文化与伟大传统》，关山译，社会科学文献出版社 2001 年版。

6. ［德］特奥多尔·W.阿多诺：《奥斯维辛之后：阿多诺论笔选》，赵勇、赵天舒译，北京大学出版社 2024 年版。